DIANLI YINGXIAO YINGZHI YINGHUI BAIWENBAIDA

电力营销应知应会

百问百答

国网江苏省电力有限公司◎组编

中国电力出版社
CHINA ELECTRIC POWER PRESS

图书在版编目（CIP）数据

电力营销应知应会百问百答 / 国网江苏省电力有限公司组编. —北京：中国电力出版社，
2022.11

ISBN 978-7-5198-7041-6

Ⅰ. ①电⋯ Ⅱ. ①国⋯ Ⅲ. ①电力工业–市场营销学–问题解答 Ⅳ. ①F407.615-44

中国版本图书馆 CIP 数据核字（2022）第 168668 号

出版发行：中国电力出版社

地　　址：北京市东城区北京站西街 19 号（邮政编码 100005）

网　　址：http://www.cepp.sgcc.com.cn

责任编辑：孙世通（010-63412326）　柳　璐

责任校对：黄　蓓　朱丽芳

装帧设计：张俊霞

责任印制：钱兴根

印　　刷：北京利丰雅高长城印刷有限公司

版　　次：2022 年 11 月第一版

印　　次：2022 年 11 月北京第一次印刷

开　　本：710 毫米×1000 毫米　16 开本

印　　张：6

字　　数：77 千字

定　　价：60.00 元

编委会

前　言

　　持续提升供电服务水平、不断增强营销业务质量是公司进入新发展阶段落实新发展要求的重要举措，是当好经济社会发展电力先行官、充分发挥大国重器和顶梁柱作用的切实体现，也是切实增强人民群众获得感、幸福感的内在要求。国网江苏省电力有限公司始终认真践行"人民电业为人民"企业宗旨，坚持以客户为中心、以问题为导向，持续提升供电服务质量和水平，客户服务和营销业务管控质量长期处于较高水平，得到了国家电网公司和省委省政府的高度肯定、社会各界的广泛赞誉和广大电力客户的充分认可，彰显了公司优秀品牌形象。

　　当前，随着电力市场改革的深入推进和新型售电市场的快速发展，公司面临复杂的内外部形势。营销服务作为供电企业核心业务，直接面向广大电力客户，政策性强、业务面广、信息量大，客户需求变化快、响应要求高，对营销基础管理质量和规范精准高效服务提出了更高的要求。回顾历年各类内外部检查情况，个别员工在营销服务和质量管控方面还存在思想认识不到位、政策理解不深透、规章执行不到位等问题，如何通过扎实的基础管理和高效的优质服务提升客户满意度，成为亟需解决的新课题。

　　为进一步夯实营销基础管理、提升优质服务水平，国网江苏省电力有限公司组织镇江供电公司编写了《电力营销应知应会百问百答》。本书在编写过程中坚持从实际出发，广泛调研基层一线人员工作质量，详细梳理历年来各类检查出现的常见问题和营销服务工作中存在的薄弱环节，严格引用国家相关政策法规和公司文件规定，按照业务、用检、计量、电费、线损、分布式光伏、需求侧管理等七大专业分类，提出营销服务风险点和解决方案。本书知识点多面广、针对性强，采用问答形式便于理解和掌握，对基层一线广大营销服务人员具有较强的实用性和指导意义。

　　由于本书编写时间紧迫，编者水平有限，难免有疏漏和不妥之处，恳请读者批评指正。

编　者

2022 年 8 月

目 录

二 用电检查

三 电价电费

四 计量采集

五　线损管理

六　需求侧管理

七　光伏发电

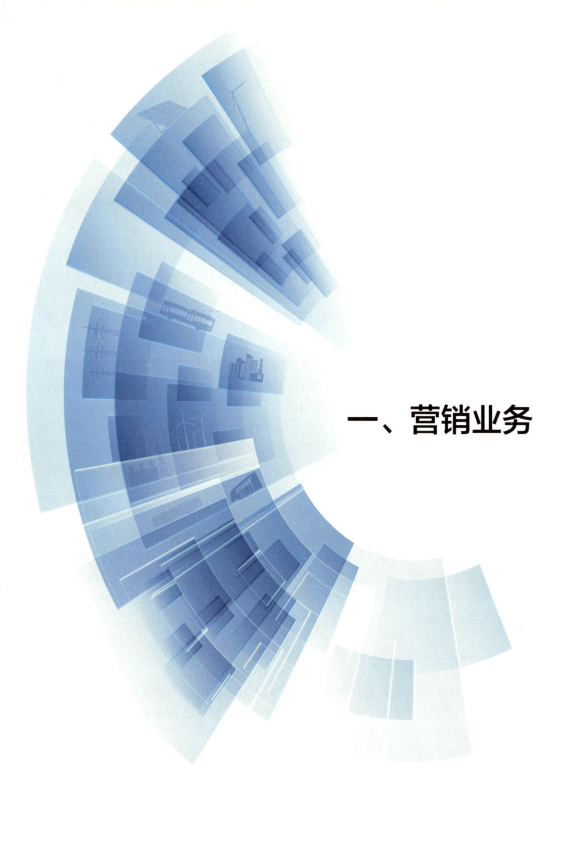

一、营销业务

低压居民充电桩报装受理

1. 正确执行低压居民充电桩报装业务"一证受理"要求，要注意哪些问题？

→ 答：受理申请时，客户需提供有效身份证明、车位所有权证明、电动汽车购车证明、物业许可证明，四者其一即可"一证受理"。接入工程实施前，需补齐以下四项资料：

（1）有效身份证明：身份证、军人证、护照、户口簿、公安机关户籍证明（其中任意之一复印件）。

（2）车位所有权证明：发票、合同、协议（其中任意之一复印件）；非车位所有权人本人申请时，还需要提供车位所有权人许可证明材料；若为租赁车位，需提供租赁超过一年的租赁合同或协议复印件。

（3）电动汽车购车证明：购车发票、购车合同、购车协议、车辆完税证明、车辆转让证明、机动车行驶证、车辆登记证书（其中任意之一复印件）。

（4）物业许可证明：经物业（或业委会、居委会、村委会）允许施工的证明，需加盖物业章。

以下两种情况可免于物业许可证明：一是对于经供电公司会同物业（或业委会、居委会、村委会）制定充电设施建设规划方案，并完成小区居民充电桩接入方案规划及公示的居住区，该小区居民客户申请自用充电设施报装时，如根据前期规划公示的接入方案进行施工，可免于客户提供物业许可证明；二是对于充电设施报装电力接入方案不涉及公共道路、公共绿化等公共区域占（掘）路施工的情况，现场勘查人员结合实际情况，经综合判定，可免于客户提供物业许可证明。

风险描述

受理低压居民充电桩报装业务时，要求客户提供全部四项申请资料，未执行"一证受理"要求，影响客户办电便利度，影响客户办电感知体验，存在优质服务风险。

业扩项目办电环节及时长

2. 普通业扩项目有哪些办电环节？各环节和接电全过程时限要求分别是多少？

➡️▎**答：** 普通业扩项目办电环节：

（1）对 0.4 千伏及以下居民和非居民客户，用电报装压减为"受理签约""施工接电"两个环节办电；

（2）对 10（20）千伏非重要客户，取消"设计审查""中间检查"环节，实行"业务受理""方案答复""竣工检验和装表接电"三个环节办电。

各环节和接电全过程时限要求：

（1）0.4 千伏及以下居民和非居民客户"受理签约"和"施工接电"两个环节时限要求分别为 1 个工作日和 2 个工作日，低压居民接电全过程时间为 3 个工作日，低压非居民接电全过程时间为 9 个工作日；

（2）10（20）千伏非重要客户"业务受理""方案答复""竣工检验和装表接电"三个环节，时限要求分别为 1 个、5 个（双电源 15 个）、6 个工作日，接电全过程时限要求为 50 个工作日（双电源 70 个工作日）。

> **风险描述**
>
> 普通业扩项目未取消设计审查、中间检查环节，业扩办电环节压减不到位，影响客户办电感知体验，对优化营商环境提升"获得电力"造成负面影响，存在优质服务风险。

> **政策依据**
>
> 《国家发展改革委 国家能源局关于全面提升"获得电力"服务水平持续优化用电营商环境的意见》（发改能源规〔2020〕1479 号）

用电报装环节业务收费

3. 用电报装环节允许收取的业务费有哪些?

➡️ 答: 目前用电报装环节允许收取的业务费仅有高可靠性费用。

风险描述

　　供电企业及其所属或委托的安装工程公司在用电报装环节,违规向用户收取国家规定范围以外的费用,增加用户投资,存在投诉风险。

政策依据

　　《国务院办公厅转发国家发展改革委等部门关于清理规范城镇供水供电供气供暖行业收费促进行业高质量发展意见的通知》(国办函〔2020〕129号)

　　《江苏省发展改革委关于进一步明确供水供电供气供暖行业收费项目的通知》(苏发改价格发〔2021〕189号)

　　《省政府办公厅转发省发展改革委等部门关于清理规范城镇供水供电供气供暖行业收费促进行业高质量发展实施方案的通知》(苏政办发〔2021〕55号)

电力客户建户原则

4. 电力客户建户原则是什么?

➡️ 答: 电力客户办理电力新装业务,应以房屋产权证明、项目(土地、规划)等行政许可文件认定的项目范围为依据,与供电公司建立供用电关系。行政许可文件认定的相连(无规划市政道路、建筑等间隔)用电范围内,原则上只能设置一个受电点,按一个用电客户进行管理和计费,并按不同电价类别分别安装用电计量装置。

风险描述

（1）使用不合理的供电方案，对电网安全稳定运行和客户正常用电有负面影响。

（2）一个用户存在多个受电点，导致增加客户受电工程投资成本，增加供电企业不必要的业扩配套投资，存在漏收基本电费、高可靠性费用等资金风险。

政策依据

《供电营业规则》（电力工业部令第 8 号）

电力客户建户原则

5. 如何防范"一址多户"？

➡ 答：（1）现场勘察时，工作人员需确认：用户红线范围内是否已有其他高、低压电源点；相邻用电户之间是否有明显的物理隔断。

（2）新建用户档案时，用户地址应按营销系统要求，逐级填写，精确到门牌号，避免出现不同用户使用同样的模糊地址，导致营销系统内"一址多户"的情况。

风险描述

（1）使用不合理的供电方案，对电网安全稳定运行和客户正常用电有不良影响。

（2）一个用户多个受电点，将导致客户受电工程投资成本增加，或产生不必要的业扩配套投资。

（3）"一址多户"、专用变压器和农村综合变压器混合供电等问题存在安全用电隐患和漏收基本电费、高可靠性费用等资金风险。

政策依据

《供电营业规则》（电力工业部令第 8 号）

用户受电工程设计审查提资规范

6. 重要客户和 35 千伏及以上高压用户设计审查应提供哪些材料？

➡ **答：**用户受电工程设计文件和有关资料应一式两份送交供电企业审核。高压供电的用户应提供：

（1）受电工程设计及说明书；

（2）用电负荷分布图；

（3）负荷组成、性质及保安负荷；

（4）影响电能质量的用电设备清单；

（5）主要电气设备一览表；

（6）节能篇及主要生产设备、生产工艺耗电以及允许中断供电时间；

（7）高压受电装置一、二次接线图与平面布置图；

（8）用电功率因数计算及无功补偿方式；

（9）继电保护、过电压保护及电能计量装置的方式；

（10）隐蔽工程设计资料；

（11）配电网络布置图；

（12）自备电源及接线方式；

（13）供电企业认为必须提供的其他资料。

风险描述

设计审查资料一次告知不到位，造成客户多次往返，影响客户办电体验；设计审查环节，用户提供资料不完整，影响工作人员对受电工程设计准确把关，导致用户施工环节及后续使用环节产生各类风险隐患。

政策依据

《供电营业规则》（电力工业部令第 8 号）

低压接入开放容量

7. 全省低压业扩可开放容量上限是多少?

答： 2022 年 4 月 17 日，江苏省政府办公厅印发了《关于有效应对疫情新变化新冲击进一步助企纾困政策措施的通知》（苏政办发〔2022〕25 号）。在该文件发文之日前，用户报装容量 160 千瓦及以下可采用低压接入；在发文之日起至 2022 年 12 月 31 日，全省范围内提出新装、增容用电需求的用户，新装或增容后的总容量在 200 千瓦及以下的可采用低压接入（对于建筑工地、移动基站、泵站、排灌站等对电能质量或供电可靠性要求或其他特殊情况者，也可实行高压供电）。

符合下面条件之一的，可申请纳入业扩报装"200 千伏安及以下高压接入"白名单：

（1）政府项目，已立项批复采用高压接入，并经告知低压接入容量放宽政策，客户仍自愿采用高压接入的情况；

（2）客户已购买相关设备，并经告知低压接入容量放宽相关政策，客户仍自愿采用高压接入的情况；

（3）其他因客户自身原因，经告知低压接入容量放宽相关政策，客户仍自愿采用高压接入的情况。

> **风险描述**
>
> 未按要求公开可开放容量等电网资源信息，未按要求执行开放容量标准，造成用户投资增加，导致用户投诉或回访不满意，存在优质服务风险。

> **政策依据**
>
> 《省政府办公厅印发关于有效应对疫情新变化新冲击进一步助企纾困政策措施的通知》（苏政办发〔2022〕25 号）

业扩配套项目实施原则

8. 35 千伏及以上项目能否纳入业扩配套投资?

➡ 答: 2021 年 3 月 1 日前出让或划拨用地,对省、市政府年度重点项目、省级及以上园区的 35 千伏及以上项目,优先纳入公司业扩配套投资需求,并根据公司投资能力按规定履行决策程序后实施。2021 年 3 月 1 日以后出让或划拨用地,35 千伏及以上项目电力接入工程电气部分纳入公司业扩配套投资,土建工程由政府出资建设。

> **风险描述**
>
> 对 35 千伏及以上项目是否可以纳入业扩配套投资了解不清楚,影响重点项目的有序推进,存在客户投诉和舆情风险。

高、低压业扩配套政策

9. 高、低压用户业扩配套实施范围是什么?

➡ 答:(1)高压用户业扩配套实施范围:公共电网连接点至用户红线附近并尽可能靠近红线的明显断开点。为落实延伸投资界面要求,降低用户接电成本,清晰运维责任界面,可以用户红线外接入杆塔、分支箱、环网柜的开关下桩头连接点为产权分界点(开关属于供电企业资产)。分界点距用户红线原则上不得超出以下距离:10(20)千伏架空线路为 50 米,电缆线路为 100 米。

(2)低压用户业扩配套实施范围:对于零星居民项目,实施范围为公共电网连接点至居民户内分线盒;对于非居民项目,实施范围为公共电网连接点至用户红线内的电能计量箱(含计量箱)。以用户红线内低压计量装置出线开关下桩头连接点为产权分界点(开关属于供电企业资产),分界点电源侧设施由供电企业出资建设,分界点负荷侧设施由用户出资建设。低压充电桩表箱到充电桩的距离原则上不超过 50 米。

　　业扩配套工程实施不到位，导致用户投资成本增加，存在客户投诉风险；业扩配套实施范围执行过于深入，导致供电公司利益受损，存在监管风险。

政策依据

　　《省政府办公厅关于印发江苏省营造全国一流用电营商环境专项行动计划的通知》（苏政传发〔2021〕45号）

业扩精简收资原则

10. 线上受理的业扩业务，是否还需要客户提供纸质资料？

　　➡ **答**：对于前期已提交或在线共享所需资料的线上业扩业务，无需客户提交纸质资料。若各单位根据内部管理要求，需要备份，可自行打印存档，但不能让客户重复填写或提交。

风险描述

　　业扩收资精简不到位，导致用户重复提交或填写资料，影响用户办电体验，存在用户投诉和外部监管风险。

政策依据

　　《国家发展改革委　国家能源局关于全面提升"获得电力"服务水平持续优化用电营商环境的意见》（发改能源规〔2020〕1479号）

计量装置检定收费

11. 计量装置检定的付费原则是什么？

　　➡ **答**：客户自行委托计量检定机构进行检定的，检定费用由客户承担，但是检定确有问题的，检定费由供电企业承担。

风险描述

对计量装置检定费支付原则了解不清楚，导致误收或少承担了检定费用，存在客户投诉风险。

政策依据

《国务院办公厅转发国家发展改革委等部门关于清理规范城镇供水供电供气供暖行业收费促进行业高质量发展意见的通知》（国办函〔2020〕129号）

"开门接电"办电环节

12."开门接电"服务模式下，具体如何精简办电环节？

➡ 答：对于10（20）千伏及以上供电的业扩项目，整合业务受理、服务契约签订及供电方案答复环节为一个环节，全过程办电环节精简至"签约受理及方案答复"和"竣工检验及装表接电"两个环节。

风险描述

"开门接电"服务模式下办电环节要求执行不到位，不利于推动客户办电由"客户等电"方式向"电等客户"方式转变，存在拖延客户接电的投诉和监管风险。

政策依据

《国网江苏省电力有限公司关于深化推广"开门接电"服务模式的通知》（苏电营〔2022〕24号）

供电方案编制

13. 为降低客户办电成本，供电公司优化用户接入电网方式的举措有哪些？

▶**答：**（1）逐步提高低压接入容量上限标准，对于用电报装容量 160 千瓦及以下实行"三零"服务的用户采取低压方式接入电网（满足《关于有效应对疫情新变化新冲击进一步助企纾困政策措施的通知》（苏政办发〔2022〕25 号）要求的，自发文之日起至 2022 年 12 月 31 日，全省范围内提出新装、增容用电需求的用户，新装或增容后的总容量在 200 千瓦及以下的可采用低压方式接入）。对于高压用户，要按照安全、经济和实用的原则确定供电方案，并结合当地电网承载能力，优先使用现有公用线路供电，实行就近就便接入电网。

（2）鼓励和支持有条件的地区进一步提高低压接入容量上限标准。

（3）鼓励推广临时用电的租赁共享服务，通过供电设施以租代购等方式满足用户临时用电需求。

风险描述

不合理的供电方案不但无法满足客户用电需求，还可能影响电网供电可靠性和电能质量，导致用户投资增加，存在客户投诉和监管风险。

政策依据

《国家发展改革委国家能源局关于全面提升"获得电力"服务水平持续优化用电营商环境的意见》（发改能源规〔2020〕1479 号）

《省政府办公厅印发关于有效应对疫情新变化新冲击进一步助企纾困政策措施的通知》（苏政办发〔2022〕25 号）

业务受理环节收资

14. 高、低压业扩业务受理环节需客户提供哪些资料？

➡答：高压用户业务受理环节需提供用电人有效身份证明、用电地址物权证件、用电工程项目批准文件。低压用户业务受理环节仅需提供用电人有效身份证明和用电地址物权证件。

> **风险描述**
>
> 业扩收资精简不到位，导致普通业扩项目受理环节仍需客户提供设备容量清单，存在客户投诉和监管风险。

> **政策依据**
>
> 《国家发展改革委 国家能源局关于全面提升"获得电力"服务水平持续优化用电营商环境的意见》（发改能源规〔2020〕1479号）

高可靠性费用收取

15. 正确收取高可靠性费用，要注意哪些问题？

➡答：（1）明确自建、非自建收费标准：2021年3月1日之后取得土地使用权的项目，外线工程均由地方政府或供电企业投资建设，应按照非自建标准收费；2021年3月1日之前取得土地使用权的项目，按照就低原则，外线工程（无论电气或土建）只要有用户出资的部分，就按照自建标准收费。

（2）明确电缆、架空收费标准：电网接入点（PCC点，非产权分界点）电源侧为地下电缆接入的，其高可靠性供电费用按架空线标准的1.5倍计收。

（3）特殊情况：变电站新出线、住宅小区的电梯及水泵等高可靠性设备，按照就低原则，按照架空标准收费。

（4）增容工程：按照就低原则，外线工程（无论本次或上次，无论电气或土建）只要有用户出资的部分，即按照自建标准收费。

（5）用户前期申请新装并交纳高可靠性费用，后期终止，终止后再次申请新装流程，需要将前期费用退回，或者关联到新的流程中，避免重复收取高可靠性费用。

（6）小区的公建，如消防、电梯等不能分开建户，按规定收高可靠性费用。

风险描述

高可靠性供电费收取不规范，导致客户或供电企业利益受损，存在客户投诉和监管风险。

政策依据

《国家发展改革委关于停止收取供配电贴费有关问题的补充通知》（发改价格〔2003〕2279号）

客户保安电源配置

16. 用户重要负荷的保安电源必须由供电企业提供吗？

答：用户需要保安电源时，供电企业应按其负荷重要性、用电容量和供电的可能性，与用户协商确定。

（1）用户重要负荷的保安电源，可由供电企业提供，也可由用户自备。遇有下列情况之一者，保安电源应由用户自备：

1）在电力系统瓦解或不可抗力造成供电中断时，仍需保证供电的；

2）用户自备电源比从电力系统供给更为经济合理的。

（2）供电企业向有重要负荷的用户提供的保安电源，应符合独立电源的条件。有重要负荷的用户在取得供电企业供给的保安电源的同时，还应有非电性质的应急措施，以满足安全的需要。

风险描述

客户保安电源配置不合理，不能满足其供电要求，重要负荷存在失电风险，可能导致重要财产损失和人员伤亡。

临时用电办理

17. 什么是临时用电？办理临时用电的规定有哪些？

➡ 答：对基建工地、农田水利、市政建设、抢险救灾等非永久性用电，由供电企业供给临时电源的称为临时用电。

办理临时用电的规定如下：

（1）临时用电期限：临时用电期限由用户按 2 年及以内、3 年两个档次自行选择与公司约定。临时用电不满 3 年的，可延期一次，但延期后总期限不得超过 3 年。临时用电时间累计超过 3 年的，必须办理销户手续，用户仍有临时用电使用需求的，应按新装办理。低压临时用电原则上约定用电期限不超过 1 年。用户因特殊原因确需延长临时用电期限，应在到期日之前 1 个月办理延期手续。

（2）使用临时电源的用户不得向外转供电，也不得转让给其他用户，供电企业也不受理其变更用电事宜，如需改为正式用电，应按新装用电办理。

（3）自 2017 年 12 月 1 日起，对新申请临时用电的用户不再收取临时接电费。

风险描述

临时用电规定执行不到位（例如，逾期合同未及时续签或终止、临时用电超期未销户、临时用电向外转供电、临时用电代正式用电使用等情况），导致发生供电设备维护管理责任不清、电费回收困难、基本电费漏收、临时接电费清退不到位等情况。

政策依据

《供电营业规则》（电力工业部令第 8 号）

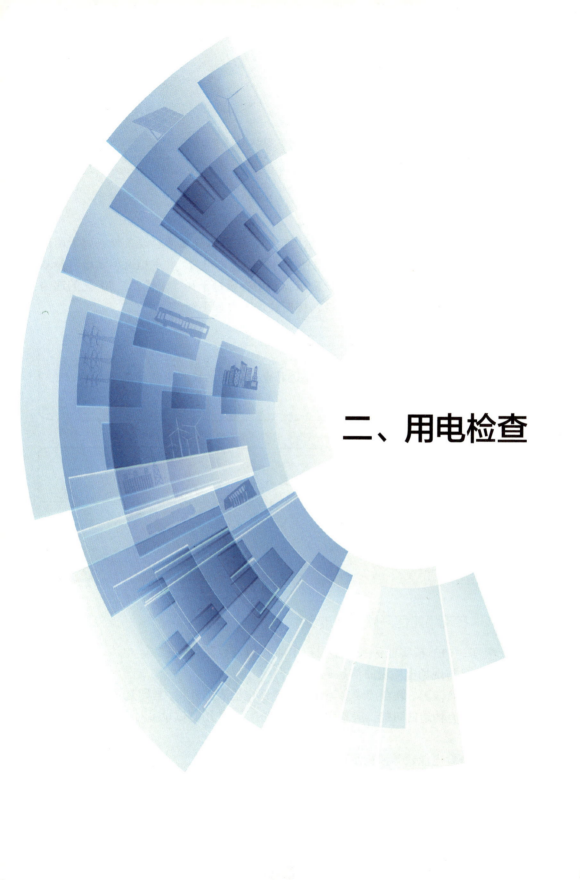

二、用电检查

超容处理原则

18. 超容的处理标准是什么？

→ 答：私自超过合同约定的容量用电的，除应拆除私增容设备外，属于两部制电价的用户，应补交私增设备容量使用月数的基本电费，并承担三倍私增容量基本电费的违约使用电费；其他用户应承担私增容量每千瓦（千伏安）50 元的违约使用电费。如用户要求继续使用者，按新装增容办理手续。

> **风险描述**
>
> 对超容不进行处理，超容处理追补电费和违约使用电费计算不准确，造成供电公司或客户利益损失。

> **政策依据**
>
> 《供电营业规则》（电力工业部令第 8 号）

窃电现场排查

19. 在现场如何开展窃电排查？

→ 答：（1）核实业务系统中用户电能表的表号、制造厂家、电流、电压以及倍率等信息与现场电能表的信息是否相符。

（2）检查表箱、联合接线盒等计量装置及电能表的外观、封印是否完好、正确，若表计封印有伪造的可能，应鉴定封印的真伪，并使用测试设备对电能表进行现场检定。

（3）查看电能表脉冲指示灯闪烁情况。

（4）对于单相电能表，可用钳形电流表检查相线、中性线电流是否一致及电流值是否正常。

风险描述

现场排查时取证不完整，现场窃电事实确认手续履行不规范，窃电事实现场保护不力，存在窃电排查结果不被采纳的风险。

临时用电管理

20. 如何规范临时用电管理？

答：（1）用电检查员对临时用电客户每季度巡视不少于一次，合同到期前一个月应特巡一次，重点检查临时用电设施安全状况、用电性质及用电范围。对新建居住区临时用电，应提高巡视检查频次，发现私自转供居民用电行为，应及时制止，必要时应采取停电措施。

（2）用电检查员应在客户临时用电到期前1个月，将用电检查结果通知书送达客户，书面通知客户应及时办理销户或延期手续，以及超期后的处理措施，由客户签收确认。对于客户拒绝签收的，应通过函件、挂号信等具有法律效力的形式正式送达客户，确保通知到位、不存遗漏。对于超过合同约定的用电期限不办理销户或延期手续的临时用电客户，按照临时用电到期时间实施停电。

风险描述

新建居住区临时用电现场实际供居民生活用电，存在安全隐患；临时用电现场实际为大工业用电，未计收基本电费，造成供电公司损失，存在资金和监管风险。

暂停管理

21. 如何开展现场暂停作业？

答：按照与用户约定的时间，组织到现场实施封停操作，并由用户在纸质电能计量装接单或移动作业终端（电子签名方式）上签字确定表计底度，用电检查员将停用时间与容量同步录入营销业务系统。

> **风险描述**
>
> 　　未按确定的停用时间进行暂停、未按确定的停用设备进行暂停，引起电费纠纷、停电范围扩大，存在优质服务和监管风险。

临时性减容办理

22. 临时性减容办理期限标准是什么？

　　答：（1）客户提出减少用电容量的期限最短不得少于 6 个月，但同一日历年内暂停满 6 个月申请办理减容的客户减容期限不受时间限制，每户每月只能办理一次减容和减容恢复。

　　（2）客户临时性减容时间不得超过 2 年，超过 2 年若需恢复用电容量应按新装或增容办理。

> **风险描述**
>
> 　　未按规定的期限办理临时性减容，造成临时性减容期间产生基本电费，存在优质服务风险。

> **政策依据**
>
> 　　《供电营业规则》（电力工业部令第 8 号）

暂停期间基本电费收取

23. 用户暂停期间基本电费收取标准是什么？

　　答：（1）自设备加封之日起，暂停部分免收基本电费。如暂停后容量达不到实施两部制电价规定容量标准的，应改为相应用电类别单一制电价计费，并执行相应的分类电价标准。

（2）用户申请暂停用电时间每次应不少于 15 天，每一日历年内暂停时间累计不超过 6 个月，次数不受限制。暂停时间少于 15 天的，则暂停期间基本电费照收。

（3）暂停期满或每一日历年内累计暂停用电时间超过 6 个月的客户，不论是否申请恢复用电，供电企业须从期满之日起，恢复其原电价计费方式，并按合同约定的容量计收基本电费。

（4）春节期间容易出现暂停小于 15 天情况。在办理暂停恢复时，用电检查应注意核实暂停时间，对客户进行必要的提醒。

风险描述

　　用户暂停时间少于 15 天未收取基本电费，暂停期间基本电费计收不准确，造成供电公司或客户损失，存在优质服务和资金风险。

政策依据

　　《供电营业规则》（电力工业部令第 8 号）

停电管理

24. 如何规范配合政府实施停电？

➡ 答：（1）供电公司接到停电决定主体要求停电的通知后，承办部门认为执行风险较大或者难以判断是否应当执行的，可组织相关部门进行会商，形成会商意见。

（2）供电公司配合停电前应向停电对象发送配合停电告知书，明确停电依据、时间、内容，并附政府停电通知。

（3）实施停电前，供电公司应当提请停电决定主体现场组织停电，供电公司配合实施，并做好证据留存。特殊情况下，停电决定主体未至现场组织停电，供电公司实施停电遭遇阻挠的，应立即停止实施，做好记录并及时告知停电决定主体。

风险描述

　　强制性停电事件不符合法律法规规定，陷入程序或法律纠纷；配合政府部门强制停电不规范，存在服务风险。

政策依据

　　《供电营业规则》（电力工业部令第 8 号）

重要电力用户管理

25. 重要电力用户的定义是什么？如何规范制定重要电力用户的检查周期？

　　答：重要电力用户是指在国家或者一个地区（城市）的社会、政治、经济生活中占有重要地位，供电中断将可能造成人身伤亡、较大环境污染、较大政治影响、较大经济损失、社会公共秩序严重混乱的用电单位或对供电可靠性有特殊要求的用电场所。

　　用电检查员要合理制定重要电力用户检查周期，确保及时发现各类供用电隐患。特级、一级重要电力用户每 3 个月至少检查 1 次，二级重要电力用户每 6 个月至少检查 1 次，临时性重要电力用户根据其现场实际用电需要开展用电检查工作。

风险描述

　　用电检查员未规范安排重要电力用户检查周期，不能及时发现各类供用电隐患，存在较大安全风险。

政策依据

　　《关于加强重要电力用户供电电源及自备应急电源配置监督管理的意见》（电监安全〔2008〕43 号）

自备应急电源配置

26. 重要电力用户应如何规范配置自备应急电源?

➡ **答:** （1）重要电力用户应配置自备应急电源，电源容量至少应满足全部保安负荷正常启动和带载运行的需求。

（2）自备应急电源的配置应依据保安负荷的允许断电时间、容量、停电影响等负荷特性，合理选取自备应急电源。

（3）重要电力用户应具备外部应急电源接入条件，有特殊供电需求及临时重要电力用户，应配置外部应急电源接入装置。

（4）自备应急电源应配置闭锁装置，防止向电网反送电。

> **风险描述**
>
> 重要电力用户未按要求配置自备应急电源，当网供电源中断时，保安负荷失电，存在较大安全风险。

> **政策依据**
>
> 《重要电力用户供电电源及自备应急电源配置技术规范》（GB/T 29328—2018）

更名、过户业务

27. 如何正确区分更名、过户业务?

➡ **答:** （1）更名一般只针对同一法人及自然人的名称的变更，不涉及原用电人与供电人之外的第三方。

（2）过户是供用电合同主体发生实质变化，需供电方、原用电方、新用电方三者达成一致方可，原客户应与供电企业结清债务。针对房屋租赁用户不办理过户手续，不变更合同关系，由供电人、房屋产权人、承租人签订三方电费结算协议，明确相关权利和义务。

（3）办理更名只需用电人签订合同变更确认书作为原供用电合同的附件，无需重新签订供用电合同以及电费结算协议等相关材料；而办理过户则需要重新签订新的供用电合同以及电费结算协议等相关材料。

> **风险描述**
>
> 　　客户办理过户错误使用更名流程，对过户主体、用电容量、用电性质、用电类别等信息未核对，存在电费损失或用电安全风险。

中止供电规范

28. 哪些情形需经批准中止供电？哪些情形可不经批准即可中止供电？

➡ 答：（1）在发供电系统正常情况下，供电企业应连续向用户供应电力。但是，有下列情形之一的，须经批准方可中止供电：

1）危害供用电安全，扰乱供用电秩序，拒绝检查者；

2）拖欠电费经通知催交仍不交者；

3）受电装置经检验不合格，在指定期间未改善者；

4）用户注入电网的谐波电流超过标准，以及冲击负荷、非对称负荷等对电能质量产生干扰与妨碍，在规定限期内不采取措施者；

5）拒不在限期内拆除私增用电容量者；

6）拒不在限期内交付违约用电引起的费用者；

7）违反安全用电、计划用电有关规定，拒不改正者；

8）私自向外转供电力者。

（2）有下列情形之一的，不经批准即可中止供电，但事后应报告本单位负责人：

1）不可抗力和紧急避险；

2）确有窃电行为。

未能正确区分需经批准和可不经批准中止供电的具体情形，存在客户投诉风险。

《供电营业规则》（电力工业部令第8号）

暂停用户私启行为处理

29. 发现私自启用已办理暂停电力设备情况该如何处理？

答： 擅自使用已在供电企业办理暂停手续的电力设备或启用供电企业封存的电力设备的，应停用违约使用的设备。属于两部制电价的用户，应补交擅自使用或启用封存设备容量和使用月数的基本电费，并承担二倍补交基本电费的违约使用电费；其他用户应承担擅自使用或启用封存设备容量每次每千瓦（千伏安）30元的违约使用电费。

高压大工业用户变压器暂停后，如客户私启，存在漏收基本电费的风险。

《供电营业规则》（电力工业部令第8号）

重要电力用户档案管理

30. 重要电力用户档案管理有哪些具体要求？

答：（1）应每年统一组织梳理重要电力用户名单，并定期将重要电力用户增减、变更情况报送当地政府部门。

（2）应严格按照"一户一档"的要求建立重要电力用户管理台账，全面完善重要电力用户的供电电源、自备电源配置和设备运行健康情况等内容，及时更新相关信息。

（3）按规定开展重要电力用户隐患排查工作，督促用户落实治理，供电公司应留有纸质的现场核查、隐患告知、政府报备、整改闭环资料。

风险描述

未按照"一户一档"的要求建立重要电力用户管理台账，存在重要电力用户安全无法保障到位，存在不能及时整改的安全风险。

政策依据

《国家电网公司关于高危及重要客户用电安全管理工作的指导意见》（国家电网营销〔2016〕163号）

窃电行为处置

31. 查处窃电后，窃电电量、补收电费和违约使用电费该如何计算？

➡ 答：窃电电量计算：

（1）接入电源设备的额定容量乘以实际窃电时间。

（2）按照用电信息采集设备所采集的用电信息计算。

（3）按照电能表额定最大电流值所对应的容量，乘以实际窃电时间计算确定。

（4）窃电时间无法查明的，窃电日数按照一百八十日计算，生产经营用电每日按照十二小时计算，其他用电每日按照六小时计算。

补收电费和违约使用电费计算：按所窃电量补交电费，并承担补交电费三倍的违约使用电费。

风险描述

窃电未处理，窃电电量、补收电费和违约使用电费计算不准确，造成供电公司或客户损失，存在客户投诉风险。

政策依据

《供电营业规则》（电力工业部令第8号）

重要电力用户电源配置

32. 重要电力用户的供电电源应满足什么要求？

➡️ 答：（1）特级重要电力用户应采用多电源供电；一级重要电力用户应采用双电源供电；二级重要电力用户至少应采用双回路供电。

（2）临时性重要电力用户按照用电负荷的重要性，在条件允许情况下，可以通过临时敷设线路等方式满足双回路或两路以上电源供电条件。

（3）重要电力用户供电电源的切换时间和切换方式应满足重要电力用户保安负荷允许断电时间的要求。

风险描述

重要电力用户供电电源配置不规范，存在人身伤亡、较大环境污染、较大政治影响、较大经济损失、社会公共秩序严重混乱等风险。

政策依据

《重要电力用户供电电源及自备应急电源配置技术规范》（GB/T 29328—2018）

客户侧电力事故处理

33. 客户发生电力事故，用电检查员应做什么？

→ 答：（1）用电检查员应协助客户建立健全用电管理应急体系，督促客户落实事故抢修队伍。要求客户发生用电事故时，第一时间向供电公司报告，并按照应急预案进行快速、妥善处理。

（2）事故发生后，分管用电检查员应第一时间抵达现场，帮助客户排查事故原因，指导客户做好事故处理。县公司 35 千伏及以上客户停电事故应第一时间向所属市公司营销部门报告，各地 110 千伏及以上客户停电事故应第一时间向省公司营销部门报告，不得迟报、隐瞒不报。

（3）事故处理结束后 7 个工作日内，分管用电检查员协助客户完成事故调查报告并存档，并按上述分级原则向上级单位报送事故调查报告。事故调查报告应包括客户概况、事故经过、事故处理、事故原因分析及结论、后续措施等内容。

（4）建立健全常态事故分析工作机制，建立本单位事故台账，组织用电检查班组定期分析客户安全用电事故，梳理归纳事故原因，逐步融入"大数据"管理理念，实现事故预判，及时采取措施，降低客户事故发生概率。

（5）严格事故责任认定管理，不得将原因不明或未查实的电力运行事故，归结为客户责任。

> **风险描述**
>
> 电力事故发生后未及时处理、未协助客户调查事故原因、未总结归纳，存在电力事故不可控风险。

客户停电管理

34. 现场实施停电的注意事项有哪些？

→ 答：（1）对存在可能危及人身、设备及电网安全的重大安全隐患及确认有窃电行为的客户，可现场中止供电；对非紧急隐患，但客户拒绝整改的，向有关部门报备后实施停电；对存在违约用电行为的客户，未按要求整改的，经公司内部批准后可实施停电。政府相关部门对不符合国家产业政策或相关规划、土地、环保等要求需要对客户停电的，应获得县级及以上电力主管部门有关停电批准的文件后，方能实施停电。

（2）实施停电后（包括已销户客户），分管用电检查员或实施停电人员应向客户明确带电设备范围，要求客户或施工单位切实做好现场电力设备安全防护措施，严格杜绝停电实施后引发的次生人身触电或设备损坏事件。

> **风险描述**
>
> 现场停电不按规范执行，存在人身触电、设备损坏、电网安全等风险。

停电决定主体

35. 政府的哪些部门可以决定停电？

➡ **答：** 停电决定主体是指对相关对象作出停电决定，并要求供电公司配合停电的行政主体。通常有权作出停电决定的行政主体主要有县级及以上人民政府、县级及以上人民政府电力管理部门、县级及以上人民政府安全生产监督管理部门、法律法规规定的其他行政主体。行政机关以外的各类办公室、委员会、指挥部等临时性、协调性机构，没有法律法规的授权下，供电公司可依法不予执行。

> **风险描述**
>
> 随意扩大停电范围影响客户正常用电，损害被执行客户合法利益，存在客户投诉和法律风险。

> **政策依据**
>
> 《国家电网有限公司关于妥善处理配合政府停电法律纠纷的指导意见》（国家电网法〔2019〕930 号）

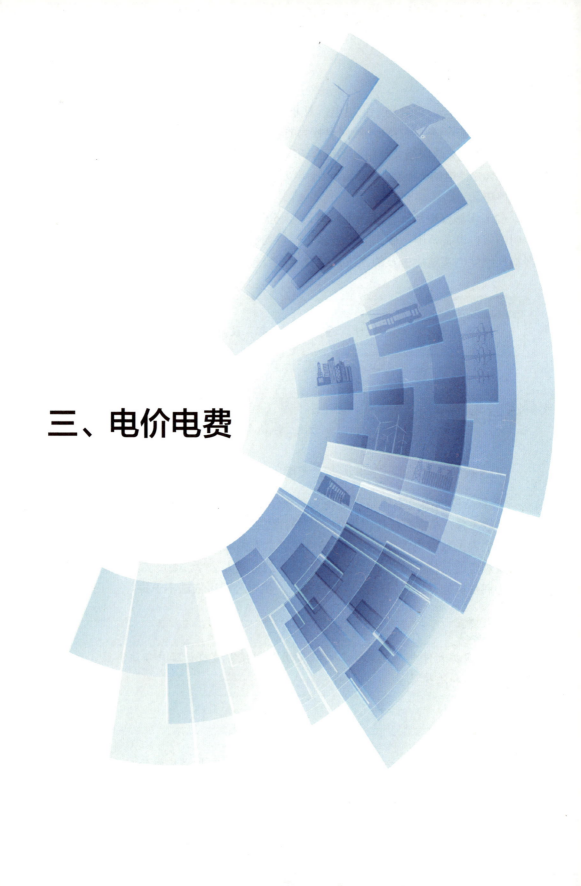

三、电价电费

特殊群体电价政策

36."一户多人口""困难群体"的认定依据和电价政策是什么？

答："一户多人口"的认定依据是《省发展改革委关于完善居民阶梯电价有关问题的通知》（苏发改价格发〔2021〕106号）文件。文件明确："一户多人口"以江苏省公安部门核发的居民户口簿、江苏省居住证等在同一住址共同居住生活的居民（包括持其他江苏省核发长期居住证明的境外人士）数量为认定依据。

人数满5人及以上的，可申请每户每月增加100千瓦时阶梯电量基数。人数满7人及以上的，也可选择申请执行居民合表电价。每位居民用户同时期只能在一个住址申请办理，不能同时在多个住址重复办理。

给予困难群体每户每月15千瓦时免费电量。执行范围为民政部门认定的城乡最低生活保障对象家庭、特困供养人员和县级以上总工会认定的特困职工家庭。

风险描述

对一户多人口以及困难群体认定错误，导致居民阶梯电价、优惠政策等执行不到位，存在优质服务和客户投诉风险。

政策依据

《关于印发〈江苏省居民阶梯电价免费用电基数管理实施细则〉的通知》（苏价工〔2012〕200号）

《关于完善居民阶梯电价有关问题的通知》（苏发改价格发〔2021〕106号）

学校电价执行

37.学校电价适用范围是什么？

答：依据《国家发展改革委关于调整销售电价分类结构有关问题的通知》

（发改价格〔2013〕973 号）关于销售电价分类适用范围中明确：执行居民用电价格的学校，是指经国家有关部门批准，由政府及其有关部门、社会组织和公民个人举办的公办、民办学校，包括：普通高等学校（包括大学、独立设置的学院和高等专科学校）；普通高中、成人高中和中等职业学校（包括普通中专、成人中专、职业高中、技工学校）；普通初中、职业初中、成人初中；普通小学、成人小学；幼儿园（托儿所）；特殊教育学校（对残障儿童、少年实施义务教育的机构）。不含各类经营性培训机构，如驾校、烹饪、美容美发、语言、电脑培训等。

风险描述

经国家有关部门批准的学校未执行居民电价，经营性培训机构错误执行居民电价，存在错收电费和客户投诉的风险。

政策依据

《国家发展改革委关于调整销售电价分类结构有关问题的通知》（发改价格〔2013〕973 号）

《省物价局关于印发江苏省电网销售电价分类适用范围说明的通知》（苏价工〔2015〕334 号）

农业电价执行

38. 农产品初加工用电价格如何确定？

➡ **答：** 依据江苏省发展和改革委员会《关于明确农产品初加工用电价格有关事项的通知》（苏发改价格发〔2021〕144 号）文件规定：农产品初加工用电执行农业生产用电价格。农产品初加工用电原则上应分表计量。

农产品初加工是指对各种农产品实施初加工以提供初级市场的用电，具体包括：

（1）粮食初加工用电，是指稻米、小麦、大麦的原粮进仓、清理、烘干、砻米、色选抛光、分级打包用电；燕麦、荞麦、高粱等谷物的净化、晾晒（烘干）用

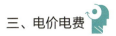

电；玉米的筛选、晾晒（烘干）用电；薯类的清洗、去皮用电；食用豆类的清理去杂、浸洗、晾晒（烘干）用电。

（2）蔬菜初加工用电，是指新鲜蔬菜的清洗、挑选用电。

（3）水果初加工用电，是指新鲜水果的清洗、剥皮、分类用电。

（4）纤维植物初加工用电，是指棉花去籽（加工皮棉）、麻类沤软、蚕茧分拣和晾晒（烘干）用电。

（5）药用植物初加工用电，是指各种药用植物的挑选、整理、捆扎、清洗、晾晒（烘干）用电。

（6）茶叶初加工用电，是指对茶树鲜叶和嫩芽进行杀青、揉捻、干燥等简单加工的毛茶制备用电。

（7）大批包装用电，是指各类农产品初加工过程中的大批包装用电。

农村综合变压器以下的农副产品加工厂，为农户加工口粮、食用油、饲料等用电，执行农业生产用电价格。

> **风险描述**
>
> 农产品初加工用电范围的界定不准确，电价执行错误，造成计费差错，存在错收电费和客户投诉的风险。

> **政策依据**
>
> 《关于明确农产品初加工用电价格有关事项的通知》（苏发改价格发〔2021〕144号）

电费违约金管理

39. 对逾期未交付电费的客户收取违约金有哪些规定？

➡ **答**：客户在供电企业规定的期限内未交清电费时，应承担电费滞纳违约责任。电费违约金从逾期之日起计算至交纳日止，每日违约金按下列规定计算：

（1）居民用户每日按欠费总额的千分之一计算。

（2）其他用户：

1）当年欠费部分，每日按欠费总额的千分之二计算。

2）跨年度欠费部分，每日按欠费总额的千分之三计算。

（3）电费违约金收取总额按日累加计收，总额不足一元者按一元收取。

> **风险描述**
>
> 　　未按照合同约定的交费截止日期计收电费逾期违约金，存在违约金错收的风险。

> **政策依据**
>
> 　　《供电营业规则》（电力工业部令第 8 号）

40. 哪些情况下电费违约金可经审批同意后免收？

→ 答：由下列原因引起的电费违约金，可经审批同意后实施电费违约金免收：

（1）供电营业人员抄表差错或电费计算出现错误影响电力客户按时交纳电费。

（2）因非电力客户原因导致银行代扣电费出现错误或超时影响电力客户按时交纳电费。

（3）因营销业务应用系统电力客户档案资料不完整或错误，影响电力客户按时交纳电费。

（4）因供电公司财务人员未能及时对银行进账款项确认造成电力客户欠费产生违约金。

（5）因营销业务应用系统或网络发生故障时影响电力客户按时交纳电费。

（6）因不可抗力、自然灾害等原因导致电力客户无法按时交纳电费。

（7）其他因供电公司原因产生的电费违约金。

（8）对受疫情影响、缴费有困难的市场主体用电实行"欠费不停供"政策，结合实际设立不少于 6 个月的费用缓缴期，缓交期间免收欠费违约金。

> **风险描述**
>
> 　　电费违约金减免理不充分、不合理，减免审批不规范，错误通过审批，导致公司经济损失，存在资金安全风险。

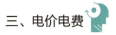

《国家电网公司电费抄核收管理规则》（国家电网企管〔2019〕502号）

《江苏省政府办公厅关于进一步释放消费潜力促进消费加快恢复和高质量发展的实施意见》（苏政办发〔2022〕50号）

充电设施电价

41. 执行居民用电价格的充电设施是否需要执行分时？

答：需要。依据《省发展改革委关于完善电动汽车充换电服务收费有关问题的通知》（苏发改工价发〔2018〕1295号）文件规定：对于居民家庭住宅、居民住宅小区、执行居民电价的非居民用户中设置的充电设施用电，执行居民用电价格中的合表用户电价，并执行峰谷分时电价。其峰谷分时电价在合表用户电价基础上，高峰时段（8:00—21:00）每千瓦时上浮0.03元，低谷时段（21:00—次日8:00）每千瓦时下浮0.17元。

风险描述

居民充电设施分时标志设置错误，应分时未分时；电价行业选择错误，应选居民充电桩错误选择居民分时。导致电费错收、漏收，存在优质服务和客户投诉风险。

政策依据

《省发展改革委关于完善电动汽车充换电服务收费有关问题的通知》（苏发改工价发〔2018〕1295号）

营业厅电费现金管理

42. 营业厅电费现金管理应注意哪些问题?

答: 电费收取应做到日清日结,收费人员每日将现金交款单、银行进账单、当日实收电费汇总表传递至电费账务人员。

(1)每日必须进行现金盘点,做到日清日结,按日编制现金盘点表。每日收取的现金及支票应当日解交银行,由专人负责每日解款工作并落实保安措施,确保解款安全。当日解款后收取的现金应做好台账记录,统一封包存入专用保险柜,于下一工作日解缴银行。如遇双休日、节假日,则顺延至下一个工作日。

(2)收取现金时,应当面点清并验明真伪。

(3)电力客户实交电费金额大于电力客户应交电费金额时,征得电力客户同意后可作预收电费处理。

(4)供电营业厅(所)负责人每月应对窗口现金监盘一次,并在盘点表上签字备查。

(5)严格区分电费资金和个人钱款,严禁截留、挪用、侵吞、非法划转、混用电费资金,严禁工作人员利用信用卡还款周期滞留电费资金或套取现金。收费网点应安装监控和报警系统,将收费作业全过程纳入监控范围。

> **风险描述**
>
> 现金盘点工作开展不到位,未做到日清日结,按日编制现金盘点表;当日解款现金未及时解交至银行;电费资金和个人钱款混用不清。存在截留、挪用、套现、非法划转风险。

> **政策依据**
>
> 《国家电网有限公司电费抄核收管理办法》(国家电网企管〔2019〕502号)

增值税发票开具

43. 如客户要求开具增值税纸质普通发票，应如何操作？

➡️ 答：在【开票管理】–【营业厅票据服务】中根据户号查询"发票状态"，如果"发票状态"为"已开具"，点击"查看详情"查看票据类型，如果票据类型是增值税电子普通发票,应告知用户增值税电子普通发票是经国家税务总局认可并推广使用的合法凭证，国网江苏省电力有限公司已经停用增值税纸质普通发票，增值税电子普通发票是增值税纸质普通发票的升级版，为 PDF 格式，用户可通过"网上国网"App 或"国网江苏电力"微信公众号自行绑定用电户号后下载打印，其法律效力、基本用途和基本使用规定与税务机关监制的增值税纸质普通发票相同，也可以作为入账凭证。如查看结果是"未开具"增值税电子普通发票状态，则在【开票管理】–【营业厅票据服务】中可以通过点击"发票状态"点击"查看详情"并下载发票，可以将增值税电子普通发票（PDF 电子版）发给用户，也可以通过下载发票将增值税电子普通发票（PDF 电子版）通过 A4 纸打印给用户。

风险描述

　　未正确解释增值税电子普通发票和增值税纸质普通发票的作用，存在产生服务舆情的风险。

政策依据

　　《关于推行通过增值税电子发票系统开具的增值税电子普通发票有关问题的公告》（国家税务总局公告 2015 年第 84 号）

尖峰电价

44. 尖峰电价的执行时间、标准以及范围是什么？

➡️ 答：自 2022 年 1 月 1 日起，江苏省对 315 千伏安及以上的大工业用电实施夏、冬两季尖峰电价。每年 7 至 8 月，日最高气温达到或超过 35℃时，10:00－11:00 和 14:00－15:00 执行夏季尖峰电价；12 月至次年 1 月，日最低气温达到或低于 －3℃时，9:00－11:00 和 18:00－20:00 执行冬季尖峰电价。夏冬两季尖峰电价，统一以峰段电价为基础上浮 20%。

夏季日最高气温、冬季日最低气温，均以中央电视台一套每晚 19 点新闻联播节目后天气预报发布的南京次日最高温度、最低温度为准，次日予以实施。

风险描述

电价行业选择错误，造成应执行尖峰未执行；分时标识选择错误，导致漏执行尖峰电价；采集数据不完整，导致缺尖峰时段计费依据。存在电费错收和客户投诉风险。

政策依据

《省发展改革委关于进一步完善分时电价机制有关事项的通知》（苏发改价格发〔2021〕1327 号）

功率因数考核标准

45. 功率因数的标准值及其适用范围有哪些？

➡ 答：（1）功率因数标准 0.90，适用于 160 千伏安以上的高压供电工业用户（包括社队工业用户）、装有带负荷调整电压装置的高压供电电力用户和 3200 千伏安及以上的高压供电电力排灌站。

（2）功率因数标准 0.85，适用于 100 千伏安（千瓦）及以上的其他工业用户（包括社队工业用户）、100 千伏安（千瓦）及以上的非工业用户和 100 千伏安（千瓦）及以上的电力排灌站。

（3）功率因数标准 0.80，适用于 100 千伏安（千瓦）及以上的农业用户。

功率因数考核标准选择错误或考核标志设置错误、表计配置错误导致无功电量未精准计量，形成计费差错，存在客户投诉风险。

《供电营业规则》（电力工业部令第 8 号）

《功率因数调整电费办法》（水电财字第 215 号）

欠费停电规范

46. 对客户实施欠费停电有哪些注意事项？

➡ 答：（1）对未签订智能交费协议的电力客户，停电通知书须按规定履行审批程序，在停电前 3～7 天内送达电力客户，可采取电力客户签收或公证等多种有效方式送达，并在电力客户用电现场显著位置张贴，拍照留存上传至营销业务应用系统；对已签订智能交费协议的用户，严格按照协议约定，正确设置预警阈值和停电阈值，在达到预警阈值时，及时推送预警短信至客户预留的手机上并确保信息推送成功，在到达停电阈值时，系统会提前 2 小时推送停电预警信息，到达停电阈值系统将自动实施停电。

（2）对重要电力客户的停电，应将停电通知书报送同级电力管理部门，在停电前 30 分钟将停电时间再次通知用户，方可在通知规定时间实施停电。

未按照规范要求实施催费或停电，未按规定程序发放电费催费提醒通知，未按照通知时间采取停电措施，影响客户获得电力感知，存在客户投诉风险。

《国家电网有限公司电费抄核收管理办法》（国家电网企管〔2019〕502 号）

两部制电价执行

47. 减容或暂停后容量达不到实施两部制电价规定容量标准的用户执行什么电价？

➡ 答：减容（暂停）后容量达不到实施两部制电价规定容量标准的，应改为相应用电类别单一制电价计费，并执行相应的分类电价标准。减容（暂停）后执行最大需量计量方式的，合同最大需量按照减容（暂停）后总容量申报。

临时性减容功率因数考核标准维持不变；永久性减容功率因数考核标准按照减容后的容量变更相应考核标准。

> **风险描述**
>
> 用户减容或暂停后容量达不到实施两部制电价规定容量标准的，未及时执行相应的分类电价标准，电价执行错误导致电费多收或少收，存在优质服务和客户投诉风险。

> **政策依据**
>
> 《国网江苏省电力公司转发国家发展改革委办公厅关于完善两部制电价用户基本电价执行方式的通知》（苏电财〔2016〕917号）

增值税发票管理

48. 增值税发票管理应注意哪些问题？

➡ 答：（1）各单位向当地税务部门申领增值税专用发票、增值税普通电子发票和增值税普通发票。

（2）设置专人登记保管发票，增值税专用发票电费设置专门的存放场所。

（3）增值税票的领取、核对、作废及保管应有完备的登记和签收手续。

（4）已开具的增值税票存根联和发票登记簿，应当保存 5 年，已开具的增值税专用发票抵扣联，应当保存 10 年，保存期满报经税务部门检查后销毁（其中因开具错误等原因作废的增值税发票，应将所有联次收集齐全，加盖"作废章"，与存根联一起存放）。

（5）未经税务机关批准，电费发票不得超越范围使用。严禁转借、转让、代开或重复开具电费票据。票据管理和使用人员变更时，应办理票据交接登记手续。

风险描述

发票存在错开、漏开、重复开票等情况，电费发票无台账管理记录，电费票据的领取、核对、作废及保管无完备的登记和签收手续，使用已过期的电费发票，存在资金风险。

政策依据

《国家电网有限公司电费抄核收管理办法》（国家电网企管〔2019〕502 号）

欠费催收规范

49. 电费催缴应注意哪些事项？

答：（1）停电通知书应由专人审核、专档管理。

（2）停电通知书内容应包括催交电费日期、欠费金额及违约金、停电原因、停电时间等。

（3）建议采用电话、短信、微信等电子化催交方式，现场发放停电通知书应通过现场作业终端等设备拍照上传，做好取证留存工作。

（4）采用电话催费时，应采用标准话术，先核对客户联系信息准确性，再告知催费的目的，若发现联系信息错误，应先对打扰客户致歉，再做好记录，并同步维护正确营销系统客户联系信息。

风险描述

电费催费管理不规范，未按规定程序发放电费催费提醒通知单、电费停电催收通知书，违规采取停电措施，存在客户投诉风险。

政策依据

《国家电网有限公司电费抄核收管理办法》（国家电网企管〔2019〕502 号）

第三方发票开具

50. 用户将一部分厂房租给第三方用电，发票抬头如何开具？

➡ 答：供电公司仅能向签订供用电合同且实际发生供用电业务活动的电力用户开具增值税发票，未与供电公司直接签订供用电合同的房屋承租方或电力分表单位，可通过以下途径获得增值税专用发票：

（1）出租方或总表单位为一般纳税人的，可由出租方或总表单位直接开具转供电销售增值税专用发票。

（2）出租方或总表单位为已办理税务登记的小规模纳税人（包括个体经营者），可至主管税务机关申请代开专用发票（代开发票相关手续问题请咨询当地主管税务机关）。

风险描述

违规对一个月的电费发票进行分割，或违规开具与户名不一致抬头的发票，存在客户投诉风险。

政策依据

《中华人民共和国发票管理办法》（国务院令 2010 年第 587 号）

《国家税务总局关于纳税人对外开具增值税专用发票有关问题的公告》（国家税务总局公告 2014 年第 39 号）

《国家税务总局关于印发税务机关代开增值税专用发票管理办法（试行）的通知》（国税发〔2004〕153 号）

两部制电价执行

51. 一般工商业用户可以执行两部制电价吗?

➡️ 答：2018 年 4 月 1 日起，受电变压器容量（含不通过变压器接用的高压电动机容量）在 315 千伏安（千瓦）及以上的一般工商业及其他用户，可选择执行大工业两部制峰谷分时电价，也可选择继续执行原有的一般工商业及其他电价，选定后在 3 个月之内应保持不变。选择执行两部制峰谷分时电价的商业用户，功率因数考核标准维持不变。

风险描述

　　一般工商业用户选择执行电价不正确，错误变更大工业峰谷分时电价或功率因数标准，导致计费差错，存在客户投诉风险。

政策依据

　　《省物价局关于扩大两部制电价执行范围的通知》（苏价工〔2018〕52 号）

电费违约金、违约使用电费

52. 电费违约金、违约使用电费的概念和区别是什么?

➡️ 答：电费违约金：电费违约金是用户未能履行供用电双方签订的供用电合同，未在规定的期限内交清电费，而承担的电费滞纳的违约责任。电费违约金由电费部门按迟交金额×迟交天数×规定的比例（千分之一至千分之三）计算。

　　违约使用电费：违约使用电费是用户违反供用电双方签订的供用电合同中约定的正常用电行为，应承担其相应的违约责任。它由供电企业根据违约行为的性质按规定收取。违约使用电费不是电费收入，而是供电企业的营业外收入。

风险描述

错误解读电费违约金、违约使用电费，电费违约金、违约使用电费概念不清，存在客户投诉风险。

政策依据

《供电营业规则》（电力工业部令第8号）

变压器损耗计收

53. 计量方式与变压器损耗有什么关系？

→答：（1）高供高计客户电能计量装置装设在变压器的高压侧，无需单独计算变压器损耗。

（2）高供低计客户电能计量装置装设在低压侧，其损耗未在电能计量装置中记录，按照《供电营业规则》规定，损耗由产权所有者承担。

（3）低供低计客户的损耗由供电部门承担。

风险描述

变压器损耗计收错误，变压器损耗标设置错误，计量方式选择错误，存在电费错收风险。

政策依据

《供电营业规则》（电力工业部令第8号）

临时用电用户电费收取

54. 临时用电用户未装用电计量装置的，如何收取电费？

→答：临时用电用户未装用电计量装置的，供电企业应根据其用电容量，按双方约定的每日使用时数和使用期限预收全部电费。

用电终止时，如实际使用时间不足约定期限二分之一的，可退还预收电费的二分之一；超过约定期限二分之一的，预收电费不退；到约定期限时，终止供电。

风险描述

临时用电用户收取电费计算异常，存在电费错收和客户投诉风险。

政策依据

《供电营业规则》（电力工业部令第8号）

1.5倍代理购电价格执行

55. 执行1.5倍代理购电价格的用户有哪些?

➡ **答：** 依据《国家发展改革委办公厅关于组织开展电网企业代理购电工作有关事项的通知》（发改办价格〔2021〕809号）文件规定，在2022年12月31日前，以下三类代理购电用户，其代理购电价格按其他用户代理购电价格的1.5倍执行：

（1）已直接参与市场交易（不含已在电力交易平台注册但未参与电力市场交易，仍按原目录销售电价执行的用户）在无正当理由情况下改由供电公司代理购电的用户。

（2）拥有燃煤发电自备电厂用户。

（3）高耗能用户。

风险描述

超范围执行1.5倍代理购电价格或执行不全，存在客户投诉风险。

政策依据

《国家发展改革委关于进一步深化燃煤发电上网电价市场化改革的通知》（发改价格〔2021〕1439号）

《省发展改革委关于进一步做好深化燃煤发电上网电价市场化改革工作的通知》（苏发改价格发〔2021〕1008号）

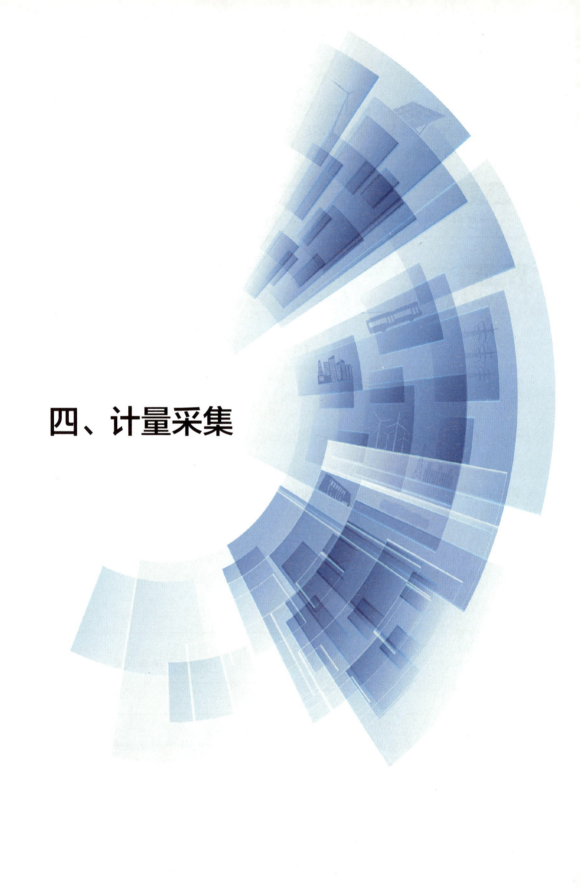

四、计量采集

计量装置竣工验收

56. 电能计量装置的竣工验收内容有哪些?

答:(1)电能计量装置资料应正确、完备。

(2)检查计量器具技术参数应与计量检定证书和技术资料的内容相符。

(3)检查安装工艺质量应符合有关标准要求。

(4)检查电能表、互感器及其二次回路接线情况应和竣工图一致。

风险描述

计量装置竣工验收不到位,存在接线错误、设备运行故障及计量差错风险。

政策依据

《高压电能计量装置装拆及验收标准化作业指导书》(Q/GDW/ZY 00015—2012)

电能表运行状态排查

57. 对电能表状态进行检查,重点检查哪些内容?

答:(1)外观检查:表箱有无人为破坏、电能表显示是否黑屏、有无报警、封印有无拆封痕迹,表前是否存在跨越供电,中性线、相线是否接反。

(2)接线检测:系统发现有开盖记录、零度户等异常电能表,应用万用表、钳形电流测量所获得的电压、电流数据,与电能表显示电压数值、电流数值、电压电流相位角及功率因数进行比对、判断。

(3)中性线检测:排查是否存在一火一地用电情况。对于单相电能表、三相电能表同时入户的用户是否存在其户内将两块电能表的中性线、相线串用,造成电能表不计或少计。

(4)其他信息核对:核对电能表表号、地址、表计现场示值是否与系统一致。

电能表运行异常发现不及时，计量人员不能准确判断电能表运行是否正常，存在客户窃电风险。

《电能计量装置技术管理规程》（DL/T 448—2016）

计量装置封印

58. 电能计量装置哪些部位应加封？

➡ 答：（1）电能表两侧表耳。

（2）电能表尾盖板。

（3）试验接线盒盖板。

（4）电能表箱（柜）门锁。

（5）互感器二次接线端子。

（6）互感器柜门锁。

计量封印缺失，无法有效防范用户私自开启计量装置，存在客户窃电风险。

《国家电网公司电能计量封印管理办法》[国网（营销/4）275—2014]

电能表安装规范

59. 安装电能表有哪些要求？

➡️ **答：** 安装电能表时，应三点牢靠固定在计量柜（箱）内。

（1）如是更换电能表，在切断用户开关后，记录原电能表资产号、电能底度，遵循"拆一装一"的原则开展。

（2）一人作业一人记录，新、旧电能表起止度应填写准确，严防电能表信息记录错误造成串户现象发生。

（3）按照"先出后进、先零后相、从右到左"的原则进行接线。

（4）核对更换后或新装的电能表资产编码与业务工单是否一致，避免出现电能表错接现象。

（5）对于经互感器接入式的电能表，安装结束后必须将联合接线盒内的电流短路连接片接至正常位置，电压连接片接至连接位置。

（6）在计量设备安装前，各施工单位应派专人检查户线对应标识是否完好，计量箱内接线是否正确，尤其注意核对表位到空开的对应关系，核对表位与用户内线对应关系，核查无误后应填写户线核对记录，经核对人、审核人签字后交供电公司计量部门留存备查。

（7）核对工作结束后应立即对表箱加封，以防其他人员擅自改动户线对应关系。

> **风险描述**
>
> 智能表安装不到位、用户串户，存在计量装置安全运行和优质服务风险。

供电方式选择

60. 哪些用户采用低压单相供电？哪些用户采用低压三相四线制供电？

➡️ **答：**（1）用户单相用电总容量不足 10 千瓦的可采用低压 220 伏供电。但有单台设备容量超过 1 千瓦的单相电焊机、换流设备时，用户必须采取有效的技术措施以消除对电能质量的影响，否则应改为其他方式供电。

（2）用户用电设备容量在 200 千瓦及以下或需用变压器容量在 50 千伏安及以下者，可采用低压三相四线制供电，特殊情况也可采用高压供电。

（3）用电负荷密度较高的地区，经过技术经济比较，采用低压供电的技术经济性明显优于高压供电时，低压供电的容量界限可适当提高。

风险描述

现场勘察人员无法向用户提供准确供电方案，影响供电质量，存在优质服务风险。

政策依据

《供电营业规则》（电力工业部令第 8 号）

计量装置送电前验收

61. 电能计量装置新装完工后，在送电前检查的内容是哪些？

答：（1）核查电流、电压互感器安装是否牢固，安全距离是否足够，各处螺栓是否旋紧，接触面是否紧密。

（2）核对电流、电压互感器一、二次线的极性及电能表的进出端钮及相别是否对应。

（3）检查电流、电压互感器的二次侧及外壳是否接地。

（4）检查电能表的桩头螺栓是否全部旋紧、外壳是否接地，线头不得外露。

（5）核对有功、无功、最大需量电能表的倍率、起码、并抄录在工作单上。

（6）检查电压熔丝面端弹簧铜片夹的弹性及接触是否良好。

（7）检查所有封印是否完好、清晰、无遗漏。

（8）检查工具、物体等，不应遗留在设备上。

　　计量装置送电前检查不到位，存在设备运行故障、人员安全及计量差错风险。

　　《高压电能计量装置装拆及验收标准化作业指导书》（Q/GDW/ZY 00015—2012）

装、拆计量装置

62. 装、拆用电计量装置注意事项有哪些?

　　答:（1）所有配电箱、电表箱金属外壳均应可靠接地，作业人员用验电笔确认其无电压后，方可接触。

　　（2）当发现配电箱、电表箱箱体带电时，应断开上一级电源将其停电，查明带电原因，并作相应处理。

　　（3）如需登配电台架更换低压电能表时，应明确工作范围，防止误登配电台架高压侧，设专人监护，必要时停电安装。

　　（4）带电更换直通电能表时，应先断开负荷侧开关（刀闸）后，方可开始工作，拆下的金属接线盒盖应放入工具袋内，不得放在计量箱内，未使用的工具也应放入工具袋内。

　　（5）带电更换经电流互感器接入的电能表,应先用短路片或短路线将电流互感器二次短接,防止二次开路;拆线前做好标记,每拆一相,立即用绝缘胶带将裸露带电的金属部分缠包好,防止短路。

　　装、拆用电计量装置时操作不当，计量装置改造施工过程中装、拆用电计量装置时操作不当，存在人员伤亡、设备损坏风险。

政策依据

《电力安全工作规程（变电部分）》（Q/GDW 1799.1—2013）

《经互感器接入式低压电能计量装置装拆及验收标准化作业指导书》（Q/GDW/ZY 1016—2013）

《直接接入式电能计量装置装拆及验收标准化作业指导书》（Q/GDW/ZY 1017—2013）

电能表申请校验

63. 如果客户对电能表计量准确性产生怀疑如何办理?

答：客户怀疑智能电能表计量不准，可拨打 95598 供电服务热线或到供电营业厅提出检测申请。供电公司受理客户计费电能表校验申请后，5 个工作日内出具检测结果。客户提出电能表数据异常后，5 个工作日内核实并答复。对校验结果存有异议的客户，供电公司应委派专人与客户一同将表计送上级法定计量检定机构检定，根据检定情况进行电量电费处理，做好验表业务有效闭环。

风险描述

未按照《国家电网公司供电服务"十项承诺"》在规定时限完成电能表校验，三方送检不规范，存在优质服务风险。

政策依据

《国家电网公司供电服务"十项承诺"》（国家电网办〔2022〕336 号）

电能表更换

64. 电能表更换后，应如何规避后续电费纠纷?

答：（1）进行轮换的，工作人员应提前 3～5 个工作日将停电通知书张贴在小区公告栏、楼道、单元醒目位置，并在物业公司或村委会备案。换表结束当日张贴换表底度示数告知单。

（2）如用户不在场，现场应张贴底度告知书及换表通知单，并按规定的存档周期存档备查。

（3）按照计量痕迹化管理要求上传旧表底度照片。

（4）轮换后的旧表应存放满1个电费结算周期，如客户有电量结算纠纷及时找出表计向客户解释。

风险描述

因轮换、故障更换电能表未按规定进行底度拍照并存档或计量档案未按规定的存档周期留档，未告知用户换表相关事项，存在电费纠纷和优质服务风险。

政策依据

《国家电网公司计量资产全寿命周期管理办法》[国网（营销/4）390—2017]

终端功率异常

65. 负荷管理主台发现某终端功率异常，如何检查和处理？

答：（1）功率超变压器容量：了解该用户是否增容。若已增容，变更档案中变压器容量，查询电流变比、电压变比、电能表常数是否正确，若不正确，重新下发参数。

（2）功率为零：了解该用户是否在用电。如不用电，则正确；否则，有窃电嫌疑。

（3）其他情况填写故障传票，交终端维护人员现场检查。

风险描述

　　终端功率异常，不知道如何排查，造成故障长期无法修复；用户负荷展示不准确影响需求响应期间用户负荷判断，存在电网安全运行风险。

政策依据

　　《国网营销部关于印发用电信息采集故障现象甄别和处置手册的通知》（营销计量〔2015〕33 号）

终端离线

66. 终端离线该怎么排查？

➡ 答：（1）终端安装区域是否停电或终端掉电。

　　（2）运营商网络或光纤网络是否出现故障，如通信卡损坏、丢失、欠费、参数设置错误，远程通信模块天线丢失等造成远程通信信道故障，影响终端正常登录主站系统。

　　（3）是否存在远程通信模块故障、采集终端故障等原因致使终端无法正常登录主站系统。

风险描述

　　终端离线未正确排查，造成故障长期无法修复，存在电量计量错误和电网安全运行风险。

政策依据

　　《国网营销部关于印发用电信息采集故障现象甄别和处置手册的通知》（营销计量〔2015〕33 号）

电流互感器选择及安装

67. 现场安装电流互感器应注意哪些事项?

答:(1)选择电流互感器的变比要适当,额定容量要大于二次负载容量,以确保测量准确。

(2)电流互感器一次绕组串接在线路中,二次绕组串接于测量仪表和继电器,接线时要注意极性正确,尤其是电能表、功率表极性不能接错。

(3)电流互感器运行时,在二次回路工作,不准开路以确保人身和设备安全,如需校验或调换电流互感器二次回路中测量仪表时,应先用铜片将电流互感器二次接线端柱短路。

(4)电流互感器二次侧应有一端接地,以防止一次、二次绕组之间绝缘击穿,危及人身和设备的安全。

风险描述

电流互感器规格选择不合理、安装不规范,造成计量差错、计量装置故障,存在人身安全风险。

政策依据

《电能计量装置技术管理规程》(DL/T 448—2016)
《计量用低压电流互感器技术规范》(Q/GDW 1572—2014)

负荷管理终端巡视

68. 负荷管理终端定期巡视检查的主要内容是什么?

答:(1)终端运行状态、按键显示是否正常。

(2)显示数据与现场核对,包括功率、电能表读数、开关状态等。

(3)与主台通信、通话是否正常。

(4)终端封印是否完好。

（5）电缆接线有无松动、异常。

（6）天线有无歪斜，馈线有无垂挂，接头是否松动。

（7）设备除尘，做好清洁工作。

风险描述

负荷管理终端定期巡视检查内容不熟悉，存在终端设备异常、计量异常风险。

政策依据

《专变采集终端（非230M）故障处理标准化作业指导书》（Q/GDW/ZY 1025—2013）

负荷控制终端天线安装位置

69. 确定无线电负荷控制终端天线位置时应注意什么？

➡ 答：（1）尽量靠近终端安装处，使天线馈线电缆尽量短，以减少损耗，降低造价。

（2）尽量避开周围高大建筑物。

（3）尽量远离干扰源。

（4）定向天线应尽量选择避开电波传播路径上的障碍物。

（5）安装方便、简单、安全、美观。

（6）尽量利用原有建筑物，以降低天线杆塔高度。

（7）防雷。

风险描述

负控用户电量数据无法正常召测，影响用户电费正常发行，存在资金回收风险。

政策依据

《专变采集终端技术规范》（Q/GDW 1374.1—2013）

电能表更换影响电费

70. 客户安装智能电能表后感觉电费上涨了如何解释？

➡ **答**：智能电能表比机械电能表灵敏度更高，计量更加精准。老式机械表启动电流较大，且由于运行时间长机械磨损等原因计量准确度会逐渐下降；智能电能表启动电流小，通过脉冲数实现计量，计量十分精确。智能电能表在安装到户前，需经过法定计量机构进行全性能试验、抽样试验、入库抽检和全检验收等4道检测流程，对电能表计量的准确性、稳定性进行全方位的考验和测试，确保电能表精准公平计量。

风险描述

　　用户对新智能电能表性能不了解导致用户对表计准确性存疑，工作人员答复不准确，存在客户投诉风险。

公共用电均分器

71. 为什么将表后空气开关或家里空气开关拉下不用电，电能表仍有电量产生，是否是将电能表或采集功耗计入客户电量？

➡ **答**：将表后空气开关或家里空气开关拉下，智能电能表出现小电量走字，常见原因可能是小区采用公共用电均分器，将楼道公共用电设施（如楼道路灯、安保门、电子对讲门铃、监控等）的用电量合理地均摊到每个受益的居民住户的电能表计量电量中，会给客户造成家中不用电，电能表走字、走得快、计量不准、供电公司设备用电客户买单等错觉和误解。

风险描述

用户家中无负荷表计走字，用户对公共设施用电情况不明，对表计准确性存疑，存在客户投诉风险。

专用变压器终端维护操作

72. 终端维护中应注意哪些问题？

答：（1）了解故障的现象和观察故障现场情况。

（2）在加电后观察电源、主板、电台，若有异常声音和气味或烟雾，应立刻切断总电源，找出故障点。

（3）应绝对禁止带电（即开机状态下）插、拔电缆连线、主控板或电台。

（4）在维护过程中，不要用力扳拧终端内机械部分，防止变形、电路板断裂或电缆插头脱焊等，切忌螺钉或焊锡入主板。

风险描述

终端维护操作流程不规范，存在终端故障、破损风险。

政策依据

《专变采集终端（非230M）故障处理标准化作业指导书》（Q/GDW/ZY 1025—2013）

负控用户自动化抄表

73. 负控用户无法正常完成抄表工作，重点排查哪些内容？

答：（1）采集系统电能表所属总户号是否与营销系统的总户号一致。

（2）采集系统中的电能表局编号是否与营销系统一致。

（3）营销系统档案中"是否装负控标志"项是否设置为"是"，电能表的资产状态是否是"启用"。

（4）营销系统档案中的"抄表方式"是否为"负控抄表"。

（5）电能表所属用户营销电能表传送日是否包括营销电能表结算日。

风险描述

负控用户在系统中档案与对应的营销系统用户档案不一致，造成抄表失败，影响电费结算，存在资金回收风险。

政策依据

《专变采集终端技术规范》（Q/GDW 1374.1—2013）

远程采集数据可靠性

74. 供电公司是否可以通过信息采集系统远程修改电能表的电量数据？

➡ **答：**为保证电能表计量数据的安全可靠，现在的智能电能表和以往的分时电能表都有编程开关和编程密码双重保护功能，而且编程开关只有在打开电能表封印和电能表盖的情况下才能操作，并且只能修改电能表相关参数信息，无法修改电量，使用编程功能会在电能表中留有永久记录。信息采集系统在远程只能实现读表和发送指令的功能，无法改写电能表内电量数据。

风险描述

用户对表计采集原理不了解导致用户对远程采集真实性/可靠性存疑，存在客户投诉的风险。

智能电能表接线规范

75. 智能电能表电源回路标准接线有哪些要求？

➡️ 答：（1）二次回路的连接导线应采用铜质绝缘导线。

（2）电压二次回路至少应不小于 2.5 平方毫米，电流二次回路至少应不小于 4 平方毫米。

（3）二次回路导线外皮颜色宜采用：A 相为黄色；B 相为绿色；C 相为红色；中性线为黑色；接地线为黄绿双色。

（4）接线中间不应有接头，禁止接线处铜芯外露。

（5）接线正确，电气连接可靠，接触良好，配线整齐美观。

（6）可视部分与观察窗需对应，可操作部分应易于操作。

风险描述

电能表接线不规范，相色未区分易导致装接错接线且不便于接线检查，导线规格不合理造成计量装置计量误差，装接质量不合格导致接触不良，造成计量不准确，存在安全运行风险。

政策依据

《电能计量装置安装接线规则》（DL/T 825—2021）

电能表故障更换费用

76. 智能电能表使用过程中发生故障需要维修、更换，相关费用由谁承担？

➡️ 答：根据《供电营业规则》第七十七条规定，计费电能表装设后，客户应妥为保护，不应在表前堆放影响抄表或计量准确性、安全性的物品。如发生电能表丢失、损坏或烧坏等情况，客户应及时告知供电企业，供电公司将及时对电能表进行更换，不收取用户任何费用。

风险描述

　　用户表计故障更换时，工作人员违规收取费用，存在客户投诉风险。

政策依据

　　《供电营业规则》（电力工业部令第 8 号）

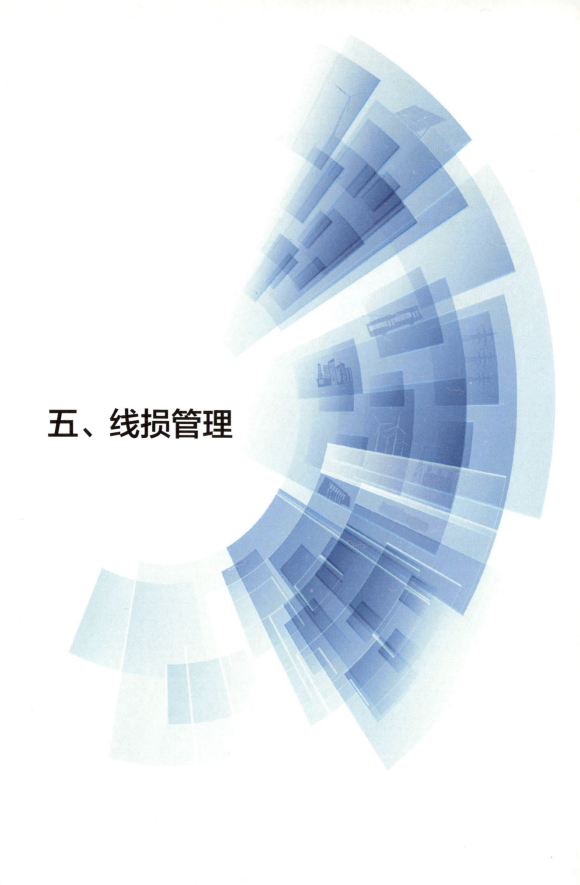

五、线损管理

台区长期负损排查

77. 造成负损的原因有哪些？

➡ 答：（1）户变关系不一致。

（2）光伏发电用户档案错误。

（3）电能表倍率错误。

（4）台区总表接线错误。

（5）联合接线盒接线错误。

（6）数据补全不合格。

（7）表计时钟超差。

（8）台区计量装置故障。

（9）台区总表前接电。

（10）互感器配置不合理。

（11）三相负荷不平衡。

（12）台区总表二次负载较大。

（13）台区总表某相电流电压异常。

（14）台区总表互感器变更。

（15）用户电能表故障。

（16）台区下用户档案更新不及时。

（17）台区低压侧存在互供。

风险描述

台区长期负损原因排查不全面，不能有效定位问题，解决问题，存在台区长期负损风险。

政策依据

《国家电网公司计量工作管理规定》［国网（营销/4）388—2014］

《国家电网公司用电信息采集系统运行维护管理办法》［国网（营销/4）278—2014］

间歇性窃电用户判断

78. 对于间歇性窃电用户定位，在采集系统中，如何进行分析？

➡️ 答：首先以本月用电天数 5～15 天的过滤条件查找出台区下所有的用户。继续筛选出上月抄表成功天数大于 28 天的、上月用电天数 5～15 天的用户。对于从台区筛选出的用户，打开用户负荷曲线图，查看该用户近三个月的线图，如果出现用电量规律性的变化的，且该用户近期的曲线处于偏差状态则判断为窃电嫌疑用户。

风险描述

　　窃电发现不及时，台区线损不合格，存在用户窃电电量无法及时追回的风险。

政策依据

　　《低压台区线损异常诊断与排查标准化作业指导书》（营销综〔2020〕67 号）

台区线损异常排查

79. 某台区线损率突增，应重点排查台区内哪些用户？

➡️ 答：（1）突然出现的零度户。

（2）电能表示值不平的用户。

（3）电能表反向电量异常的用户。

（4）日用电量大幅度减少的用户，防止用户表计问题、窃电，少计售电量。

（5）系统切割台区，但是现场未及时切割的用户。

（6）台区采集失败用户。

（7）关口表用户，防止关口表计量问题导致供电量多计。

风险描述

线损率突增,用户表计出现问题,长期未修正,存在优质服务和客户投诉风险。

政策依据

《国网营销部关于印发台区同期线损异常处置手册的通知》(营销计量〔2017〕67号)

户变关系核实

80. 现场人员如何开展台区户变关系一致性核实工作?

答:针对线损异常台区,辅助运用台区识别仪、物联感知终端等设备开展台户关系梳理。下行载波方式采集的居民用户需测到每个采集器或电能表位置,下行总线方式采集的居民用户需测到每一路进线,非居民用户应测到每个表位。

风险描述

户变关系错误导致台区线损异常。

政策依据

《国家电网公司关于进一步加强营销专业线损管理工作的通知》(国家电网营销〔2016〕510号)

台区长期高损排查

81. 台区长期高损,应排查哪些内容?

答:(1)台户关系是否对应。

（2）业务系统基础档案信息与现场是否一致。

（3）业务系统内电能表倍率与现场是否一致。

（4）用户电能表采集是否成功。

（5）台区采集设备参数设置是否正确。

（6）光伏发电用户用电量采集是否准确。

（7）总表与用户电能表电量是否同期。

（8）计量装置是否有故障。

（9）台区供电半径是否过大。

（10）三相负荷是否平衡。

（11）功率因数是否过低。

（12）电能表倍率错误导致高损。

（13）互感器配置不合理导致长期高损。

（14）电能表超容导致长期高损。

（15）电能表接线错误导致长期高损。

（16）供电设施老旧导致长期高损。

（17）用户窃电导致长期高损。

（18）用户电能表故障导致长期高损。

（19）用户互感器故障导致长期高损。

风险描述

由于线损排查不全面导致台区长期高损。

政策依据

《国网营销部关于印发台区同期线损异常处置手册的通知》（营销计量〔2017〕67号）

台区线损治理

82. 影响线损的采集问题如何定位分析处理？

➡️ 答：（1）集中器与主站通信不良。

1）确认集中器天线是否接好，移动天线位置或加装信号放大器，直到信号强度增加。

2）使用北斗通信、中压载波等新型通信方式。

3）更换新 SIM 卡。

4）督促运营商快速处理基站异常。

（2）采集系统台区总表参数未下发或下发错误、集中器中电能表参数设置丢失或与采集系统不一致。

1）通过采集系统重新进行参数下发。

2）现场重启集中器并重新设置参数。

（3）集中器接线虚接或接头氧化，RS–485 不能通信。

1）重新更换 RS–485 线并确认接线良好。

2）重新检查端口设置和总表采集设置。

3）更换集中器。

（4）同一台区非互联互通的载波模块混装。对于使用窄带载波模块的台区，在同一个台区集中器、采集器、电能表需使用同一品牌规格的通信模块。

（5）在采集系统中召测不到电能表日冻结数据，但可穿透抄到电能表日冻结数据。

1）调整集中器抄表时间，或调整集中器抄表路由。对于户数较多（大于 1000户）的台区考虑增加集中器或采集器。

2）通过采集系统重新下发参数。

（6）台区跨零点停电后，部分电能表不能冻结日数据。集中器抄表失败或采集错误。

1）统筹计划检修，避开零点整停电。

2）加强设备运维，减少故障停电。

3）调整采集主站抄表计划，或在台区复电后及时安排数据补抄。

风险描述

台区线损治理不力，不能通过采集系统高效定位台区线损异常原因，导致台区线损长期不合格。

政策依据

《国网营销部关于印发台区同期线损异常处置手册的通知》（营销计量〔2017〕67 号）

疑似窃电用户研判

83. 后台分析人员如何通过采集系统等相关系统开展疑似窃电用户研判？

➡ **答：** （1）在采集系统中召测单相电能表相线电流及中性线电流数据，核对电流值是否一致，避免出现一线一地窃电情况。

（2）定期跟踪窃电用户的后续用电情况，对用电量进行比对分析，避免出现反复窃电情况。

（3）定期梳理营销系统中电量为零的用户，分析比对近期用户用电量情况，并在采集系统中进行召测，避免出现系统原因造成用户用电量为零度情况。

（4）在采集系统中召测电能表电压、电流曲线电能量示值数据，查看三相电流曲线是否有断续的情况，并判断是否符合实际用电规律，确定用户是否存在窃电嫌疑。

（5）分析电量为零但功率不为零、电流不平衡情况、电压不平衡情况、功率曲线全部为零、用电负荷超容量、总功率不等于各相功率之和、电量曲线有负值、功率曲线有负值、中性线与相线反接等其他情况。

风险描述

线损长期不合格，用户长期窃电，存在公司损失无法追回风险。

政策依据

《低压台区线损异常诊断与排查标准化作业指导书》（营销综〔2020〕67 号）

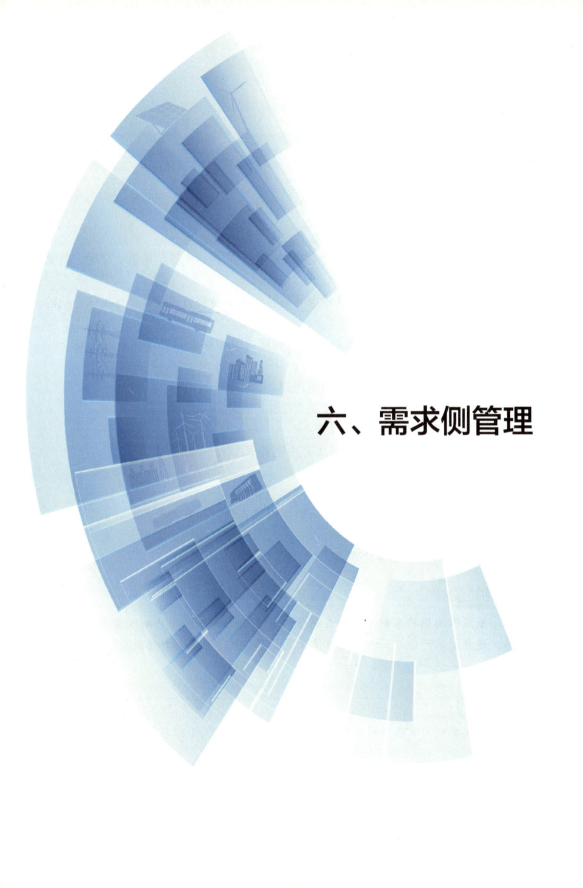

六、需求侧管理

负荷管理用户分类

84. 如何确定优先保障用户和重点限制用户？

➡️ 答：（1）优先保障用户涉及以下六大类用电需求：

1）应急指挥和处置部门，主要党政军机关，广播、电视、电信、交通、监狱等关系国家安全和社会秩序的用户。

2）危险化学品生产、矿井等停电将导致重大人身伤害或设备严重损坏企业的保安负荷。

3）重大社会活动场所、医院、金融机构、学校等关系群众生命财产安全的用户。

4）供水、供热、供能等基础设施用户。

5）居民生活，农业排灌、化肥生产等生产用电。

6）国家重点工程、军工企业。

（2）重点限制用户涉及以下五大类用电需求：

1）违规建成或在建项目。

2）产业结构调整目录中淘汰类、限制类企业。

3）单位产品能耗高于国家或地方强制性能耗限额标准的企业。

4）景观照明、亮化工程。

5）其他高耗能、高排放企业。

风险描述

重点限制用户未纳入电力负荷管理方案或优先保障用户纳入负荷管理清单，违背国家产业政策和节能环保政策，存在优质服务和舆情风险。

政策依据

《国家电网有限公司有序用电工作指引（试行）》（国家电网营销〔2021〕573号）

电力负荷管理方案告知

85. 如何做好电力负荷管理方案参与用户的告知工作？

➡ **答**：（1）前期准备阶段：

1）在供用电合同中明确相关条款。

2）进行电力负荷管理方案公示。

3）发放负荷管理告用户书，用户在确认函中签字盖章并反馈。

4）负荷管理执行前对执行名单中用户全量进行短信、网上国网、智能语音等多渠道告知。

（2）负荷管理实施阶段：

1）负荷管理员通过录音电话进行告知。

2）负荷管理员通过终端短信、终端喊话进行告知。

3）负荷管理员通过手机短信等方式进行告知。

4）电力运行主管部门向社会发布负荷管理预警信息公告。

（3）负荷管理结束阶段：

1）负荷管理员在解除用户功率控制后通过录音电话进行告知。

2）负荷管理员在解除用户功率控制后通过终端短信、终端喊话进行告知。

3）负荷管理员在解除用户功率控制后通过手机短信等方式进行告知。

4）可根据各地实际情况使用多种告知方式，多个告知方式可同时进行。

> **风险描述**
>
> 电力负荷管理方案用户告知不到位导致用户未提前知晓参与方案、未能提前做好企业内部预案，无法及时调整生产计划，存在优质服务风险。

> **政策依据**
>
> 《有序用电管理办法》（发改运行〔2011〕832号）

电力负荷管理方案编制注意事项

86. 在编写电力负荷管理方案时,如何处理工业企业与居民生活混合用电的用户?

➡️ **答:** 在用电检查员到场核实该户用电情况后,根据居民用电数据,将居民用电纳入该户保安负荷,即该户保安负荷＝工业用电保安负荷＋居民生活用电负荷。

> **风险描述**
>
> (1)厂区内工业企业与员工宿舍有混合用电的情况,未将宿舍用电容量纳入保安负荷,存在客户投诉风险。
> (2)农贸市场、购物广场等场所与附近居民混合用电,未保障居民用电,存在电费错收和客户投诉风险。

> **政策依据**
>
> 《省发展改革委关于做好 2022 年电力需求侧管理工作的通知》(苏发改运行发〔2022〕352 号)

电力负荷管理方案执行

87. 用户拒不执行电力负荷管理方案应该如何处理?

➡️ **答:** 对执行不到位、拒不执行的电力用户第一时间发送通知、开展现场督导,填写执行不到位用户统计表并向电力运行主管部门报告,在合同约定、政府授权等前提下实施负荷控制等强制措施,并留存完备、规范的书面通知、现场影像、通话记录等痕迹材料。

> **风险描述**
>
> 用户拒不执行电力负荷管理方案导致被迫拉闸,引发更大损失,执行拉闸手续不规范,存在客户投诉风险。

政策依据

《有序用电管理办法》（发改运行〔2011〕832号）

电力负荷管理方案执行流程

88. 电力负荷管理方案应如何执行？

➡ 答：（1）坚持政府主导，以杜绝简单拉路影响居民、公共服务和重要客户用电为底线，按照先需求响应、后错峰避峰、再负荷管理的顺序，规范刚性执行电力负荷管理方案。

（2）电力负荷管理方案应按照"安全有序、市场主导、有保有障、灵活有效"的原则编制。

（3）执行前严格履行报备政府手续，提前通知客户，对于重点企业联合政府部门驻企值守。

风险描述

（1）负荷管理执行未保障居民、公共服务和重要客户用电。

（2）未开展需求响应、错避峰压降，直接开展负荷管理措施，存在客户投诉风险。

政策依据

《省发展改革委关于做好2022年电力需求侧管理工作的通知》（苏发改运行发〔2022〕352号）

《省发展改革委关于印发〈江苏省2022年度电力需求侧保供方案〉和〈江苏省2022年迎峰度夏电力需求侧管理演习方案〉的通知》（苏发改运行发〔2022〕562号）

负荷管理和需求响应执行差异

89. 负荷管理和需求响应在执行上有什么不同?

➡️答: 当出现电力供应缺口时,将需求响应作为需求侧管理的前置手段,优先通过市场化的方式缓解供需矛盾,对已申报需求响应的用户执行需求响应,对未申报或需求响应未执行到位的用户执行负荷管理。

风险描述

出现电力供应缺口时,未先采取需求响应作为管理手段,直接开展负荷管理,存在社会舆情风险。

政策依据

《省发展改革委关于做好 2022 年电力需求侧管理工作的通知》(苏发改运行发〔2022〕352 号)

负荷管理实施

90. 对电力用户进行分类,实施负荷管理的主要依据有哪些?

➡️答:(1)行业特性:同行业企业的生产运行特点和用电特性相近。对用户按照所属行业分类,分析该行业的生产特点、工艺流程、主要设备、用电特性,研究该行业用户参与负荷管理的能力、措施及执行时间,保证同一行业一定产能。

(2)企业规模:大型企业的用电负荷较高,对地区负荷的影响较大,挖掘其中负荷管理能力较强、可快速响应企业,综合考虑用电负荷、可中断能力、响应速度进行排序,减少负荷管理对社会的影响范围。

(3)单位产品能耗:负荷管理工作应贯彻国家产业政策。分析比较企业单位产品能耗,作为确定企业参与负荷管理程度和顺序的重要依据。对同行业的不同企业,首先安排单位产品能耗高的企业实施负荷管理。

(4)用电时间:受电价政策和生产工艺要求影响,企业生产安排存在差异,对电网负荷形成不同影响。统计企业高峰和低谷用电时间，结合电网负荷特性比较分析，能合理评价企业执行负荷管理措施的能力，并准确安排企业参与错、避峰措施及执行时间。

风险描述

　　未对电力用户进行分类，实施差异化负荷管理，对所有用户采用单一负荷管理措施会导致措施执行不到位、用户生产损失较大，存在电网安全稳定运行风险。

政策依据

　　《电力需求侧管理办法》（发改运行〔2010〕2643号）
　　《有序用电管理办法》（发改运行〔2011〕832号）

紧急错峰和阶段性错峰区别

91. 什么是紧急错峰？什么是阶段性错峰？

➡️ **答：** 紧急错峰：指电网出现机组跳闸、负荷突变等突发因素，造成电网供电不足，需紧急错峰以控制负荷的情况。一般紧急错峰提前通知时间短（小于24小时）、持续时间也较短。此类错峰一般由钢铁、水泥等用电负荷较大，能快速启停生产设备的行业用户参加。

　　阶段性错峰：指预测在未来一段时间内（通常3天以上）将出现电力供应缺口，在一段时间内需要错峰。阶段性错峰一般提前通知的时间较长（提前24小时以上），负荷缺口持续时间较长。此类错峰可以通过企业调整生产班次、企业在高峰期安排轮休和设备检修，宾馆、饭店等服务性行业减少空调、照明等用电负荷等方式实施。

风险描述

　　未区分紧急错峰和阶段性错峰，存在响应时间滞后、响应容量不足的风险。

政策依据

《电力需求侧管理办法》（发改运行〔2010〕2643号）

《有序用电管理办法》（发改运行〔2011〕832号）

电力平衡分级预警

92. 负荷管理分级预警信号分为哪些等级？

➡ 答：按照电力或电量缺口占当期最大用电需求比例的不同，预警信号分为四个等级：

（1）红色：特别严重（缺口占比在20%以上）。

（2）橙色：严重（缺口占比在10%～20%）。

（3）黄色：较重（缺口占比在5%～10%）。

（4）蓝色：一般（缺口占比在5%以下）。

风险描述

未进行分级预警容易引起用户忽视或过度响应负荷缺口，存在无序用电风险。

政策依据

《电力需求侧管理办法》（发改运行〔2010〕2643号）

《有序用电管理办法》（发改运行〔2011〕832号）

负荷指标分配

93. 负荷指标分配比例的确定可参考哪些因素？

➡ 答：（1）各地区最高（或平均）负荷占全地区的比例。

（2）各地区新增报装容量占全地区的比例。

（3）各地区全社会用电量占全地区的比例。

（4）各地区除工业外的负荷占全地区的比例。

（5）各地区政策性保证用电负荷占全地区的比例。

（6）各地区空调负荷占全地区的比例。

（7）其他应考虑或临时增补的项目。

风险描述

负荷指标分配比例偏差容易引起部分地区无法完成负荷控制目标而另一部分地区出现负荷富裕、经济运行调节不科学的风险。

政策依据

《电力需求侧管理办法》（发改运行〔2010〕2643号）

《有序用电管理办法》（发改运行〔2011〕832号）

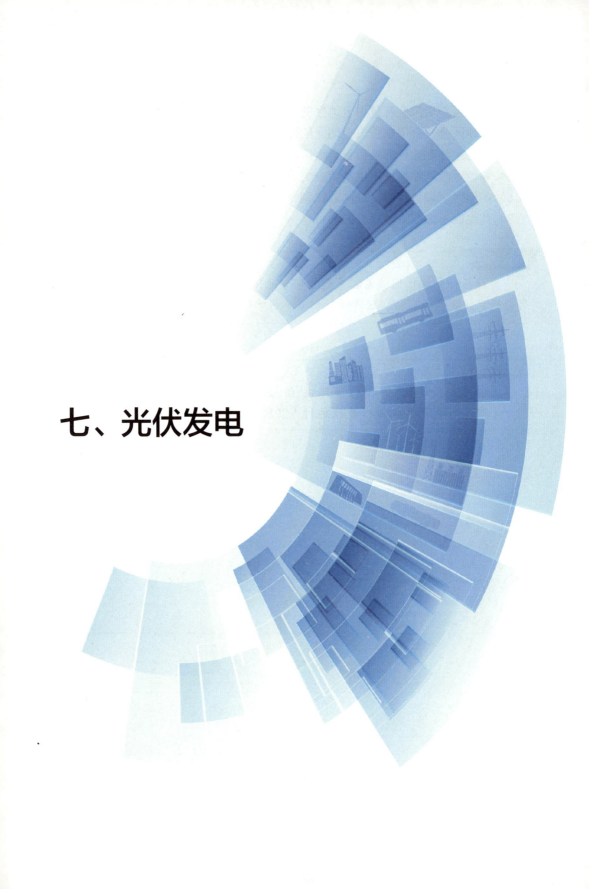

七、光伏发电

低压用户并网流程环节及时限

94. 低压用户分布式电源并网的各个环节期限分别是多少天？

➔ 答：（1）现场查勘：2 个工作日。

（2）方案编制：非自然人，单点并网 10 个工作日，多点并网 20 个工作日；自然人 3 个工作日。

（3）方案审查：非自然人 5 个工作日；自然人无此环节。

（4）方案答复：非自然人 3 个工作日；自然人 1 个工作日。

（5）设计方案审查：非自然人 5 个工作日；自然人无此环节。

（6）合同签订：5 个工作日。

（7）验收调试：非自然人 10 个工作日；自然人 5 个工作日。

> **风险描述**
>
> 低压用户分布式电源并网分为现场勘查、方案编制、方案审查、方案答复、设计方案审查、合同签订、验收调试共 7 个环节，存在一个或多个环节流程超期情况，存在客户投诉风险。

高压用户并网流程环节及时限

95. 高压用户分布式电源并网的各个环节期限分别是多少天？

➔ 答：（1）现场查勘：2 个工作日。

（2）方案编制：第一类分布式电源单点并网 10 个工作日，多点并网 20 个工作日；第二类分布式电源 50 个工作日。

（3）方案审查：5 个工作日。

（4）方案答复：3 个工作日。

（5）设计方案审查：第一类分布式电源 5 个工作日；第二类分布式电源 10 个工作日。

（6）合同签订：8 个工作日。

（7）验收调试：10 个工作日。

> **风险描述**
>
> 　　高压用户分布式电源并网分为现场勘查、方案编制、方案审查、方案答复、设计方案审查、合同签订、验收调试共 7 个环节，如出现一个或多个环节流程超期情况，存在客户投诉风险。

光伏并网服务

96. 当用户提出设计或施工单位的需求或询问时，是否可以为其进行指定？

➡ 答：不可以为其指定。应为其提供国家官方网站等信息，以供用户自主查询及联系所有具备资质的设计或施工单位。

> **风险描述**
>
> 　　受理光伏并网项目申请时，为用户指定设计或施工单位，存在三指定风险。

光伏并网收资

97. 用户申请光伏并网，应提供哪些支持性文件和资料？

➡ 答：（1）自然人：

1）经办人身份证原件及复印件。

2）户口本。

3）房产证（或乡镇及以上级政府出具的房屋使用证明）。

4）对于公共屋顶光伏项目，还需提供物业、业主委员会或同一楼宇内全体业主的同意建设证明以及建筑物、设施的使用或租用协议。

5）对于合同能源管理项目，还需提供项目业主和电能使用方签订的合同能源管理合作协议。

（2）非自然人：

1）经办人身份证原件及复印件和法人（负责人）授权委托书原件［或法人（负责人）身份证原件及复印件］。

2）营业执照、税务登记证、组织机构代码证、土地证等项目合法性支撑文件。

3）电源项目地理位置图（标明方向、邻近道路、河道等）及场地租用相关协议。

4）政府投资主管部门同意项目开展前期工作的批复或说明（仅适用需核准或备案项目）。

5）对于公共屋顶光伏项目，还需提供物业、业主委员会或同一楼宇内全体业主的同意建设证明以及建筑物、设施的使用或租用协议。

6）对于合同能源管理项目，还需提供项目业主和电能使用方签订的合同能源管理合作协议以及建筑物、设施的使用或租用协议。

7）其他项目前期工作相关资料。

> **风险描述**
>
> 在光伏业务受理申请环节，资料一次告知不到位，造成客户多次往返，影响客户办电体验；申请人提供的支持性文件和资料不完整，业务人员误以为资料已完整而帮用户受理申请，存在内部管理风险。

光伏并网服务

98. 受理光伏并网项目申请时，需要收取哪些费用？

➡️ **答：** 公司在并网申请受理、项目备案、接入系统方案制订、设计审查、电能表安装、合同和协议签署、并网验收和并网调试、补助电量计量和补助资金结算服务中不收取任何服务费用。

> **风险描述**
>
> 受理光伏并网项目申请时，收取用户系统备用容量费等费用，存在客户投诉风险。

光伏用户变更过户

99. 光伏用户申请变更过户时,是否需要发展改革委等政府部门的书面证明? 变更过户的工作流程是怎样的?

➡ 答:需要。

根据《关于加快推进可再生能源发电补贴项目清单审核有关工作的通知》(财办建〔2020〕70号)要求,对纳入补贴清单的可再生能源发电项目,如项目名称、业主信息发生变更,由可再生能源发电企业向电网企业申请变更,电网企业应在接到申请后15天内完成变更并对外公布;如果项目并网容量、场址发生变更,需向备案部门(自然人:发展改革委;非自然人:行政审批局)申请变更,并重新申报纳入补贴清单。用户需要向备案部门(自然人:发展改革委;非自然人:行政审批局)申请变更,由备案部门按程序办理并出具相关证明,证明中明确同意用户变更过户且继续享受补贴。业务人员获取光伏用户提交的变更申请资料及备案部门相关证明后,为用户办理变更手续并对外公布。

风险描述

纳入补贴清单的光伏项目,项目业主及名称信息需要变更,业务人员直接帮用户办理变更过户手续,存在服务和管理风险。

政策依据

《国家能源局关于印发分布式光伏发电项目管理暂行办法的通知》(国能新能〔2013〕433号)

《关于加快推进可再生能源发电补贴项目清单审核有个工作的通知》(财办建〔2020〕70号)

光伏业务受理

100. 自然人没有房产证可以申请光伏吗?

➡ 答:视各地实际要求而定。

各单位应根据当地能源主管部门对自然人光伏发电项目的备案要求完成收资，对无明确文件要求的地市，在自然人提供乡镇及以上级政府出具的房屋使用证明后可受理并网申请。

> **风险描述**
>
> 　　自然人申请光伏并网的房屋为自建房，无法提供房产证，业务人员因此不受理用户的光伏项目申请，存在优质服务和客户投诉风险。

光伏业务受理

101. 接入系统的容量与电压等级要求是如何规定的？

　　答： 光伏发电站发电母线电压应根据接入电网的要求和光伏发电站的安装容量，经技术经济比较后确定，并宜符合下列规定：对于项目整体并网容量不足 1 兆瓦发电项目，允许通过 380（220）伏或 10（20）千伏并网；整体并网容量在 1～6 兆瓦的发电项目，宜通过 10（20）千伏及以上电压等级并网；整体并网容量在 6～30 兆瓦的发电项目，宜通过 35 千伏或 10（20）千伏多点并网；整体并网超过 30 兆瓦的发电项目宜采用 35 千伏并网。

　　江苏省分布式电源项目接入系统容量对应电压等级原则上应参照该国家标准执行，并应结合电网实际条件，通过技术经济比选论证确定，若高低两级电压均具备接入条件，优先采用低电压等级接入。

> **风险描述**
>
> 　　用户填写分布式电源接入申请表时，报装容量与电压等级不匹配，业务人员未提出修改意见，直接受理，存在用电安全和电网安全稳定运行风险。

> **政策依据**
>
> 　　《光伏发电站设计规范》（GB 50797—2012）

光伏合同签订

102. 对于发电项目业主与电力用户为不同法人的发电项目，如何签订发用电合同？

➡️ **答：** 地市公司营销部负责按照公司统一格式合同文本模板起草并签订发用电合同与补充协议。对于发电项目业主与电力用户为不同法人的，与电力用户、项目业主签订三方发用电合同。

> **风险描述**
>
> 发电项目业主与电力用户为不同法人，业务人员错误使用光伏发电合同类型，存在合同不规范风险。

消纳方式变更

103. 非全电量上网方式并网运行的分布式光伏发电用户项目如何变更电量消纳方式？

➡️ **答：** 对于已按非全电量上网方式并网运行的分布式光伏发电项目申请变更电量消纳方式的，市（县）公司营销部负责会同相关部门按照规定的现场勘查工作要求启动联合勘查，确认其是否满足用电负荷显著减少（含消失）或供用电关系无法履行的条件。满足条件并经省能源主管部门确认该项目的备案模式变更为全电量上网模式后，市（县）公司营销部负责受理该变更项目的并网申请，指导用户填写全电量上网分布式光伏发电项目并网申请表；市（县）发展策划相关部门负责按照公司现行常规电源并网程序，参考分布式电源并网工作时限，做好变更项目的并网服务；市（县）财务部门负责变更补贴申报目录。原项目按销户处理。

> **风险描述**
>
> 光伏用户提交光伏发电电量消纳方式变更申请后，业务人员未会同发展部、运检部进行联合勘查，仅根据用户提交资料或自行现场勘查，为用户变更电量消纳方式，存在内部管理风险。